Tae NAKANE

中根多惠

多国籍ユニオニズムの
動員構造と戦略分析

A Sociological Analysis of Mobilizing Structures and
Strategic Approach of Multinational Unionism

東信堂

まえがき

　社会のうごきは、人びとの「働きかた」を規定してきた。現代社会では、非正規雇用の増加など雇用形態が多様化し、産業構造の変化や流動化するビジネスによって専門分化が進み、新しい職業やさまざまなバリエーションの職種が生み出されている。人工知能（Artificial Intelligence；AI）の開発をはじめとするテクノロジーの発展もまた、人びとの「働きかた」に多大な影響を与える。近い将来、AIの進化によって既存の多くの仕事が失われ、また新しい仕事が創出されるといわれている。また、労働者の属性も一様ではなくなった。女性の社会進出や外国人の労働市場参入にくわえ、学歴、階層などのバックグラウンドを異にする労働者どうしが同じオフィスで働くようになった。それから、人びとの労働観や価値意識も変化し、働く場所や時間などもフレキシブルなワークスタイルの台頭によって多様化している。働く場所にかんしていえば、グローバル経済下の多国籍企業の海外進出にともない、国境を越えてトランスナショナルなかたちで働く人も随分と増えた。

　こうした労働の流動化／個人化／グローバル化を背景とした現代社会においては、誰ひとりとしてそれぞれが抱えている「働くこと」をめぐる状況を完全に共有し合える労働者はおらず、「働きかた」が一様でないこの時代では、私たちはつねに「私が誰であるのか」を問い、「私たちが何者であるのか」を意識しないまま生きるようになる。「働きかた」をめぐる社会の変化は、私たちにより多くの選択肢を与える一方で、私たちをより孤立させる。それを表象するかのように、企業あるいは職場コミュニティの弱体化が指摘され、労働組合の組織力低下に警鐘が鳴らされて久しい。「人は、なぜ、どのようにして集い、動くのか」——これは社会学の最も大きな問いのひとつであるが、「個人」が「個人」として生きる現代社会においてこそ、この問

いはより一層重要な意味をもつ。本書は、こうした〈集いなき労働〉をめぐって社会が抱える課題にたいして、社会運動論からヒントを得て労働社会学的立場から取り組もうとするものである。

　本書で取り上げるのは、英会話学校など語学産業や教育機関で働く語学講師をはじめとする、日本で働く外国人労働者たちだ。彼らもまた、国境を越えた「働きかた」を選択した、〈労働のグローバル化〉によって生まれた労働者たちである。国際化の動きをうけて、日本では1990年代以降に英会話学習が社会現象となり、語学産業において新しい雇用が創出された。外国人語学講師たちは、転職・転居を繰り返しながら自由で流動性の高い労働生活を送る一方、ホワイトカラーで専門職という位置にいながらも語学教室や学校の経営状況に左右される不安定な就労に従事しており、ときに給与遅延や解雇など「労働問題」という、想像もしていなかった窮地に突然立たされることがある。本書では、彼らが「私が誰であるのか」を追求して自己実現のために日本にやってくることを選択したのち、不安定雇用労働者かつ外国人といういわば「二重のマイノリティ」ともいうべき社会的属性をもちながら、いかにして孤立した「私」から団結する「私たち」になり、集い、動いていくのかを明らかにしていく。

　彼らが「私たち」になるうえで重要な役割を果たしたのは、本書で「多国籍ユニオニズム」と表現する新しいかたちの労働組合組織である。従来強い影響力をもっていた企業別労働組合の組織力・求心力が急速に弱まるなかで、孤立した「個人」を単位として組織化がなされる個人加盟ユニオンに注目が集まっている。彼らの「私たち」としての集いと動き（社会運動）も、この個人加盟ユニオンという形態をとっている。個人加盟ユニオンの動向をめぐっては、2010年代に入って労働社会学を中心に議論が重ねられており、比較的新しいテーマといえよう。本書は、こうした先行研究の議論の流れをくんで、〈労働のグローバル化〉にひそむ社会問題を解明することに貢献しようとするものである。

　本書は、序章から終章までの8章から構成される。まず序章では、〈労働のグローバル化〉の実態について把握したうえで、この実態に向き合うために

まえがき　iii

克服すべきこれまでの労働社会学の課題を提示する。

　第1章では、日本のオルタナティヴな労働組合運動をめぐる研究に多大な影響を与えつつあるSMU理論を整理し、SMUの代表的な事例としてアメリカ合衆国における移民労働者の組織化に成功した労働運動の先行研究をレビューする。さらにそれをふまえたうえで、日本のオルタナティヴな労働組合研究を批判的に検討し、こうした現代の労働組合運動をよりよく説明するためには、既存のSMU理論をそのまま用いるのではなく、方法論的枠組みの刷新が必要であることを問題提起する。

　つづいて第2章では、第1章で示した先行研究の課題をふまえて本書における研究課題を設定し、その課題に取り組むために、外国人組合員がおよそ9割を占め、MUの先駆的事例として位置づけられる個人加盟ユニオン、「ゼネラルユニオン」(GU) を対象事例として有意抽出する。第3章以降の具体的な事例分析における分析枠組みとしては、外国人労働者をとりまく運動障壁の二重構造を打開すべくオルタナティヴな労働組合が資源を動員するためにアプローチしうる4領域 ((1) 経営者へのアプローチ、(2) 未組織労働者へのアプローチ、(3) 組合員へのアプローチ、(4) 市民社会へのアプローチ) のうち、(2)(3)(4) の3つの領域への労働組合のはたらきかけに焦点を当てる必要性を説く。さらに、こうした分析にかんしては社会運動論の動員構造論的立場をとることを示したい。

　第3章から第6章までの4章にわたっては、GUへのおよそ5年間におよぶ徹底的な定性調査および定量調査の双方から得られたデータを詳細に分析していく。まず第3章では以降の分析の前提として、GUの組織構造レベル、組織を構成するアクターレベル、(GUが展開する) 運動レベルの3つに分けて、それぞれの文化的社会的な基盤や背景の特徴を把握しようとする。つづく第4章では、上述した (2) 未組織労働者へのアプローチにおける動員の戦略に迫る。第5章は、上述の (3) 組合員へのアプローチに着目し、量的調査にもとづいて組合員の活動参加を促す要因について分析をおこなう。事例分析の最終部分となる第6章では上述の (4) 市民社会へのアプローチに焦点をあてた分析をおこなう。最後に終章で結論をまとめて本書をしめくくる。

すでに述べたように、本書は日本で働く外国人語学講師を中心に組織化する労働組合の事例を取り上げたものであるが、外国人、語学産業といった属性をもつ方や労働組合の活動家の方はもちろん、「働くこと」について考えている方、働くなかで何か少しでも「あれ？」と感じることがある方にもぜひ本書を読んでいただきたい。労働組合に関心のある方、非正規で働いている方、多国籍企業でトランスナショナルに働く方、また、これから「働くこと」を経験する学生たちにも本書を手にとってもらえたら嬉しい。

今日の社会が「働くこと」をめぐって孤立する人びとにとって生きやすい社会となるよう、また本書が少しでもその社会に貢献することができるよう願いたい。

中根　多惠

多国籍ユニオニズムの動員構造と戦略分析
目　次

まえがき …………………………………………………………………………… i

序章　問題意識と研究の背景 ……………………………………………… 3
1　グローバル化社会のなかの連帯なきマイノリティ労働者たち ………… 3
2　労働社会学における〈外国人労働〉の位置 ……………………………… 6
3　労働組合運動研究とエスニシティ研究の交差をめざして ……………… 6

第1章　労働のグローバル化と組合運動をめぐる先行研究 …………… 11
1　問題の所在 ……………………………………………………………… 11
2　SMU研究の到達点 …………………………………………………… 13
3　日本のオルタナティヴな労働組合をめぐる研究の位置 ……………… 20
4　日本のユニオニズム研究に求められる課題 …………………………… 26

第2章　本書の課題と分析視角 …………………………………………… 29
1　本書の研究課題と方法論的立場 ………………………………………… 29
2　本書の分析枠組み ……………………………………………………… 32
3　対象事例の選定と調査方法 …………………………………………… 44

第3章　GUの組織構造、組合員、組織形成の過程 …………………… 57
1　問題の所在 ……………………………………………………………… 57
2　GUによる組織形成過程と運動展開の変遷 …………………………… 58
3　GUの現在：組織の特徴 ……………………………………………… 64
4　GUの現在：組合員の特徴 …………………………………………… 69

第4章　インフォーマル・ネットワーク活用戦略による新規メンバーの
　　　　動員構造 ……………………………………………………………… 87
1　問題の所在 ……………………………………………………………… 87
2　動員戦略の手がかりとしての社会的ネットワーク …………………… 88
3　PL1支部の概要 ………………………………………………………… 91
4　組織化後のPL1支部による新規メンバーの動員 …………………… 93
5　小　括 …………………………………………………………………… 102

第5章　組合員による活動参加と集合財供給 ………………………… 105
1　問題の所在 ……………………………………………………………… 105
2　仮説の提示 ……………………………………………………………… 106
3　何が活動参加の程度を規定するのか …………………………………… 107
4　何が組合員による集合財の獲得の程度を規定するのか ……………… 115
5　小　括 …………………………………………………………………… 121

第6章　ホスト社会からの支持動員のためのフレーム調整と正当性付与 …… 125
1　問題の所在 ……………………………………………………………… 125
2　特定のアイデンティティを枠づけるフレームと市民社会へのはたらきかけ ……… 128
3　フレーム拡張のためのホスト社会と共有できる社会的イシューの選択 ………… 137
4　小　括 …………………………………………………………………… 143

終章　結論 ── 多国籍な社会における新たな運動の時代に向けて ── ………… 147
1　多国籍ユニオニズム（MU）における二重の運動障壁と諸領域からの資源動員 …… 147
2　今後の研究に向けて ── 多国籍ユニオニズム（MU）の比較研究と
　　集合行為のアリーナへの注目 ………………………………………… 161

あとがき …………………………………………………………………………… 165

詳細目次

まえがき ……………………………………………………………… i

略語一覧 ……………………………………………………………… xi

図表一覧 ……………………………………………………………… xii

序章　問題意識と研究の背景 ……………………………………… 3

1　グローバル化社会のなかの連帯なきマイノリティ労働者たち …… 3

　1.1　深化する〈労働のグローバル化〉と外国人雇用の増加 ……………… 3

　1.2　連帯を可能にする社会的しくみの不在 …………………………… 4

2　労働社会学における〈外国人労働〉の位置 …………………… 6

3　労働組合運動研究とエスニシティ研究の交差をめざして ………… 6

第1章　労働のグローバル化と組合運動をめぐる先行研究 …………… 11

1　問題の所在 ………………………………………………………… 11

2　SMU研究の到達点 ……………………………………………… 13

　2.1　労使関係論を超える新たなパースペクティヴの深化へ …………… 13

　2.2　労働組合再活性化理論の視座 …………………………………… 16

　2.3　SMU研究における日本の労働研究への影響 …………………… 18

3　日本のオルタナティヴな労働組合をめぐる研究の位置 ………… 20

　3.1　日本のオルタナティヴな労働組合をめぐる研究の展開 ………… 20

　　3.1.1　「労働者」カテゴリーの崩壊と社会的属性による結合 ………… 21

　　3.1.2　社会運動志向性 ……………………………………………… 23

　3.2　アメリカ合衆国のSMUとの重要な相違点 …………………… 24

　　3.2.1　SMUと「主流」の労働組合との関係 ……………………… 25

　　3.2.2　SMUの組織形態 ……………………………………………… 25

　　3.2.3　「再」活性化か活性化か ……………………………………… 26

4　日本のユニオニズム研究に求められる課題 …………………… 26

詳細目次　vii

第2章　本書の課題と分析視角 ……………………………………………… 29

　1　本書の研究課題と方法論的立場 …………………………………………… 29

　　1.1　研究課題の設定 …………………………………………………………… 29

　　1.2　方法論的立場 ……………………………………………………………… 30

　2　本書の分析枠組み ………………………………………………………… 32

　　2.1　MUに想定される運動障壁の二重構造 …………………………………… 33

　　　2.1.1　第一の運動障壁：オルタナティヴな組合の組織的脆弱性 ………… 34

　　　2.1.2　第二の運動障壁：アクターとしての外国人が位置づく

　　　　　　社会構造上の制約 ……………………………………………………… 34

　　2.2　動員構造論的視角の導入 ………………………………………………… 37

　　2.3　市民社会へのアプローチへの着目 ……………………………………… 43

　3　対象事例の選定と調査方法 ……………………………………………… 44

　　3.1　対象事例の有意選定 ……………………………………………………… 44

　　3.2　データ収集の方法 ………………………………………………………… 53

第3章　GUの組織構造、組合員、組織形成の過程 …………………… 57

　1　問題の所在 ………………………………………………………………… 57

　2　GUによる組織形成過程と運動展開の変遷 …………………………… 58

　　2.1　「1インチずつ進むため」のたたかい …………………………………… 58

　　2.2　メンバーシップの定着とユニオンバスターとの継続的なたたかい …… 60

　　2.3　南米系／東南アジア系労働者の組織化 ………………………………… 62

　3　GUの現在：組織の特徴 ………………………………………………… 64

　　3.1　フィールドノーツをとおしてみるGUのルーティーン化された光景 … 64

　　3.2　組織構造 …………………………………………………………………… 67

　　3.3　財政的基盤の弱さとコスト削減への努力 ……………………………… 68

　4　GUの現在：組合員の特徴 ……………………………………………… 69

　　4.1　社会的属性の特徴 ………………………………………………………… 70

　　　4.1.1　ジェンダーとジェネレーションの差異からみた特徴 ……………… 70

　　　4.1.2　国籍の特徴 …………………………………………………………… 71

　　　4.1.3　学歴の高さ …………………………………………………………… 72

　　4.2　アジアへの関心と冒険としての移住 …………………………………… 72

　　4.3　日本での社会生活 ………………………………………………………… 74

viii

	4.3.1 家族構成	74
	4.3.2 社会参加	74
4.4	不安定なホワイトカラーと労働生活	75
4.5	コアメンバーのライフヒストリー	79
	4.5.1 労働組合とのかかわり	80
	4.5.2 東アジアへの興味による冒険としての渡日	80
	4.5.3 GUとの出会い	81

第4章 インフォーマル・ネットワーク活用戦略による 新規メンバーの動員構造 ……… 87

1 問題の所在 …… 87

2 動員戦略の手がかりとしての社会的ネットワーク …… 88

3 PL1支部の概要 …… 91

4 組織化後のPL1支部による新規メンバーの動員 …… 93

  4.1 インフォーマルな職場ネットワークによる日常的な動員 …… 93

  4.2 リクルーターとランク・アンド・ファイル組合員による取り組み …… 99

5 小 括 …… 102

第5章 組合員による活動参加と集合財供給 …… 105

1 問題の所在 …… 105

2 仮説の提示 …… 106

3 何が活動参加の程度を規定するのか …… 107

  3.1 被説明変数の設定 …… 107

  3.2 GUへの加入の動機による効果 …… 108

  3.3 動員ルートの効果 …… 111

  3.4 GUへの評価による効果 …… 112

4 何が組合員による集合財の獲得の程度を規定するのか …… 115

  4.1 組合員たちによって共有される集合財 …… 115

    4.1.1 GUの組織内部で共有されるさまざまな情報 …… 117

    4.1.2 GU内で構成される社会的ネットワーク …… 119

  4.2 組合員に共有される集合財獲得の程度を規定する要因の分析 …… 120

5 小 括 …… 121

詳細目次　ix

第6章　ホスト社会からの支持動員のためのフレーム調整と
　　　　正当性付与 …………………………………………………………… 125

1　問題の所在 …………………………………………………………………… 125

2　特定のアイデンティティを枠づけるフレームと
　　市民社会へのはたらきかけ ……………………………………………… 128

　2.1　社会保険要求キャンペーンの事例に着目して ………………………… 128

　2.2　マスメディアを介した正当性の付与と支持の動員 …………………… 131

3　フレーム拡張のためのホスト社会と共有できる社会的
　　イシューの選択 …………………………………………………………… 137

　3.1　ホスト社会領域における組織間のネットワークへの参入 …………… 138

　　3.1.1　組織間ネットワーク …………………………………………… 138

　　3.1.2　労使関係にかかわるつながり ………………………………… 140

　3.2　ホスト社会と共有できる社会的イシューの選択と組合内のジレンマ … 141

　4　小　括 …………………………………………………………………… 143

終　章　結論──多国籍な社会における新たな運動の時代に向けて── ………… 147

1　多国籍ユニオニズム (MU) における二重の運動障壁と
　　諸領域からの資源動員 …………………………………………………… 147

　1.1　GU の事例分析をとおして得られた知見の再構成 …………………… 149

　　1.1.1　未組織労働者層へのはたらきかけ …………………………… 149

　　1.1.2　組合員へのはたらきかけ ……………………………………… 150

　　1.1.3　ホスト社会（あるいは市民社会）へのはたらきかけ ……… 151

　1.2　本書の事例の特殊性と他の多国籍ユニオニズム (MU) への適用可能性 155

2　今後の研究に向けて──多国籍ユニオニズム (MU) の比較研究と
　　集合行為のアリーナへの注目 …………………………………………… 161

あとがき ………………………………………………………………………… 165

参考文献 ………………………………………………………………………… 167

索引 ……………………………………………………………………………… 173

略語一覧

AFL-CIO	American Federation of Labor and Congress of Industrial Organizations（アメリカ労働総同盟・産業別組合会議）
AGM	Annual General Meeting（ゼネラルユニオンの年次総会）
ALT	Assistant Language Teacher（外国語指導助手）
CUNN	Community Union Network（コミュニティ・ユニオン・ネットワーク）
FGU	Fukuoka General Union（福岡ゼネラルユニオン）
FWBZ	Foreign Workers Branch of Zentoitsu（全統一労働組合外国人労働者分会）
GU	General Union（ゼネラルユニオン）
GUEC	General Union Executive Committee（ゼネラルユニオンの執行委員会）
HERE	Hotel Employees and Restaurant Employees Union（ホテル・レストラン従業員労働組合）
IAC	Industrial and Commercial（ゼネラルユニオンの商工業セクター）
JET	The Japan Exchange and Teaching Programme（語学指導等を行う外国青年招致事業）
KCU	Kanagawa City Union（神奈川シティユニオン）
MU	Multinational Unionism（多国籍ユニオニズム）
NUGW	National Union of General Workers（全国一般労働組合東京なんぶ）
NYC	New York City（ニューヨーク市）
P.H.	Pay Holiday（有給休暇）
PLI	Private Language Industry（ゼネラルユニオンの民間語学教育産業セクター）
SAC	School and College（ゼネラルユニオンの学校教育機関セクター）
SEIU	Service Employees International Union（全米サービス従業員労働組合）
S.I.	Social Insurance（社会保険）
SMU	Social Movement Unionism（社会運動ユニオニズム）
TUC	Trades Union Congress（イギリス労働組合会議）
U.V.	Union Voice（ニューズレター「ユニオン・ヴォイス」）

図表一覧

図序 -1　外国人雇用事業所数および労働者数の推移

図1-1　労働組合の再活性化のための3つの戦略
表1-1　「地域社会の問題、社会問題全般への取り組み」で具体的に取り上げている課題
表1-2　日本とアメリカ合衆国のSMUの比較

図2-1　多国籍ユニオニズム（MU）に想定される社会構造上の資源
表2-1　運動における動員構造の要素
図2-2　運動の情報の普及、促進、動員におけるアウトリーチと取り組みの分類
図2-3　本書における分析枠組みの説明図式
表2-2　代表的な多国籍ユニオニズム（MU）の運動組織体の一覧
表2-3　外国人の組織化に成功した2つの事例の比較
図2-4　組合員数の推移

図3-1　大阪事務所の間取り
図3-2　GUの組織構造モデル
表3-1　外国人組合員の日本への移住理由
図3-3　組合員の重視する働きかた
図3-4　就労を目的とする在留資格別外国人登録者数の推移
図3-5　東京都の外国人労働相談件数

図4-1　GUを知ったきっかけ
図4-2　GUへの加入を決めた最大の理由
図4-3　会議のさいに事務所のホワイトボードに描かれた動員戦略の図
図4-4　PL1支部の組合員数の推移
図4-5　PL1支部が取り上げてきたイシューの段階図
図4-6　職場／職場以外での付き合いの内容
図4-7　PL1支部による組合員個人の友人ネットワークをとおした動員の経路
図4-8　職場仲間とのインフォーマルな交流を通じた動員の経路
表4-1　「ヴォイス」が置かれている場所

図表一覧　xiii

図5-1　　組合活動への参加
表5-1　　活動参加数
表5-2　　主成分分析を用いたGUへの加入動機の統合
図5-2　　GUへ加入した動機の主成分スコアプロット
表5-3　　キャンペーン参加度合いの規定要因（モデル1）
表5-4　　キャンペーン参加度合いの規定要因（モデル2）
表5-5　　主成分分析を用いたユニオンへの評価項目の統合
図5-3　　GUへの評価項目の主成分スコアプロット
表5-6　　キャンペーン参加度合いの規定要因（モデル3）
表5-7　　キャンペーン参加度合いの規定要因（モデル4）
図5-4　　GUで活動することで得られたもの
表5-8　　GUの組織内部における情報の経路と内容の分類
表5-9　　フォーマルな情報経路を介した社会的な交流やコミュニティへの
　　　　　勧誘などの情報の例
図5-5　　GU内の友人との付き合い
表5-10　組合員による集合財獲得の程度を規定する要因（重回帰分析）

図6-1　　「ゼネラルユニオン」の新聞への登場回数の推移
表6-1　　おおさかユニオンネットワーク参加組合
図6-2　　組合員が重要視する運動志向性

図終-1　本書における分析枠組みの説明図式（再掲）
図終-2　GUが動員する社会構造上の資源
図終-3　本書の事例分析から導き出された動員戦略モデル

多国籍ユニオニズムの動員構造と戦略分析

序　章

問題意識と研究の背景

1　グローバル化社会のなかの連帯なきマイノリティ労働者たち

　本書は、現代日本における〈労働のグローバル化〉に着目し、不安定雇用労働者かつ外国人であるいわば〈二重のマイノリティ〉ともいえる立場に置かれた外国人労働者たちの運動による連帯がいかに可能なのかという問いを、労働社会学的視点から解き明かそうとするものである。まず本章では、本書の研究背景として日本社会における〈労働のグローバル化〉の現状と抱える課題について確認していこう。

1.1　深化する〈労働のグローバル化〉と外国人雇用の増加

　海外からの労働者たちが合法的に日本の労働市場に参入するようになって20年以上を経過した今日においても、〈労働のグローバル化〉[1]はより急速に深化し続けている。**図序-1**が示すのは、外国人雇用状況報告に基づいた外国人雇用事業所数と労働者数の推移[2]である。1993年から2006年の14年間が切り取られたグラフであるためやや古いデータではあるが、ここから読み取れるのは、直接雇用と間接雇用ともに外国人労働者を雇用する事業所数の増加はとどまるところを知らず、またそれにしたがって必然的に事業所で就労する外国人労働者数も急速的に増加しているという事実以外の何でもない。また同時にこのグラフは日本における労働（あるいは雇用）のグローバル化が加速しているという現状を示すとともに、ほぼ確実に今後もこうした〈労働のグローバル化〉が急速に深化し続けるという未来をも占う。さらに、このグラフからは読み取ることができないが、外国人雇用事業所数および外国人

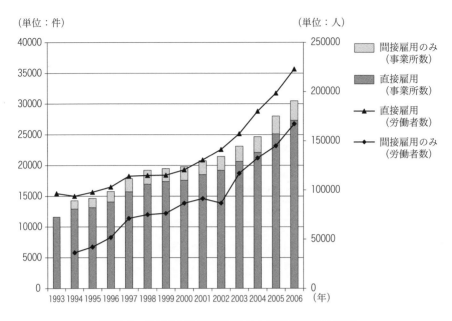

図序-1 外国人雇用事業所数および労働者数の推移
出所：中村（2009）を参考に筆者作成。

労働者数が単に数量的に増加しているだけでなく、その多様化も重要なグローバル化の要素のひとつとして挙げられる。今や外国人労働市場の多くを占めるのは日系南米人単純労働者による就労だけではない。入管法改正による在留資格の増幅はさまざまな専門・技術職の外国人労働を受け入れることにつながり、日本の労働市場のなかでエスニシティやバックグラウンドを異にする外国人雇用の多様化がみられるようになった。また、こうした現代日本における〈労働のグローバル化〉の影響は、「外国人労働市場」の領域内に限定されたものでなく、日本人労働者をも含めた日本の労働市場全体にまで及んでいる[3]。

1.2 連帯を可能にする社会的しくみの不在

では、この先にかつてわれわれの経験したことのないレベルにまで達するであろう〈労働のグローバル化〉に直面するとき、日本社会はそこからいか

なる影響を受け、いかに変容していくのであろうか。上述したように外国人労働／雇用が周辺的でありながらも日本の労働市場の一部を確実に占めつつある一方、現代の日本社会はこうした労働領域におけるグローバル化の急速な進行にともなう諸課題にはきわめて無関心であり、それらに対応できるような社会的しくみはいまだ不在であると言わざるを得ない。とりわけ深刻にとらえなければならないのは、外国人労働者の労働条件や雇用環境は多くの日本人労働者のそれと比べて整えられていない現状があるにもかかわらず、こうした労働問題に制度的に対処でき、労働をめぐる諸権利を要求することのできる社会的装置としての労働組合がうまく機能していないという点である。

　日本社会においては、外国人雇用に積極的な企業が増加をつづける一方、「日本の労働運動の主流である企業内労働組合が外国人労働者の組織化に着手したことは、今までのところ、皆無であるといってよい」(小川2004: 244)状況[4]であり、こうした労働組合および労働組合運動の不在は、上述のグラフに示される外国人労働者の大部分を未組織領域に追いやっている。さらに、労働市場の周縁部[5]の組織化に踏み出さない多くの企業では、組織率が低迷するとともに労働組合の機能自体も弱まるという結果に至らざるを得ない。

　しかしながら、近年、このような社会的装置の不在を克服しうる可能性をもつとして、「個人加盟ユニオン[6]」や「労働NPO[7]」などの新しい労働組織が注目を集めている。こうした新しい労働組織は、第1章で詳しく検討する「社会運動ユニオニズム」(以下、SMU)あるいは「社会運動的労働運動」と呼ばれる志向をもつ運動組織としてとらえられ、周辺労働者層を組織するという特徴をもち、従来主流であった企業別労働組合とは一線を画すオルタナティヴな労働組合として位置づけられている。こうしたオルタナティヴな労働組合のなかには、外国人労働者の組織化に重点的に取り組むことでさらなる〈労働のグローバル化〉に対応しようと努める労働組織もあらわれている。しかしその一方で、こうした新しい社会的事実を解明しようとする研究が展開されているとはいいがたい。以降では、これまでの研究上の問題点について確認していきたい。

2 労働社会学における〈外国人労働〉の位置

　すでに確認したように、今や現代日本において外国人をとらえるうえで「労働」は切り離せない重要なキーワードである一方で、これまで日本の労働社会学においては「外国人労働」そのものに特別な関心は寄せられてこなかった[8]。1988年に設立された日本労働社会学会においても、これまで「女性労働者」あるいは「若年労働者」をテーマとするシンポジウムは開催されてきた一方、その25年間の歴史のなかで「外国人労働」にテーマをしぼって議論がなされたことはこれまでほとんどないといえる。とりわけ労使関係あるいは労働運動をめぐる研究対象においては、これまでの外国人労働者に特化した実証的研究の蓄積があまりにも乏しいと言わざるを得ない。こうした点からみると日本の労働社会学は、外国人と労働の関係の解明に十分に貢献してきたとはいいがたいだろう。筆者が考えるその最大の理由としては、伝統的な労働研究のメインストリームではそのほとんどが日本人男性労働者を対象の中心に据えた研究であった点が挙げられる。労働社会学の男性中心主義への反省は、女性労働研究の発展の影響を受けて今日では自明視されている[9]が、こうした性格が潜在的に外国人労働者をめぐる研究との接合をも遠ざけてきたといえよう。産業構造および就業構造の変化にともなって、現在の労働社会学分野では、拡大を続ける非正規雇用者層が形成する労働市場の周辺部に着目されているが、そのなかで外国人雇用のみに照射した実証研究はきわめて少なく、女性労働、若年労働、非正規労働とともに労働市場の「周辺」の一部とされているにすぎない。すでにふれたようなオルタナティヴな労働組織をめぐる研究分野についても、「外国人労働」「多国籍」「エスニシティ」といった側面に特化した研究は数少なく、「周辺」労働者の組織化という側面がより強調されている。

3 労働組合運動研究とエスニシティ研究の交差をめざして

　しかし本書では、外国人労働者たちの運動による連帯をとらえようとする

とき、現代日本において外国人労働者が置かれた社会的立場や状況が労働組合および運動を展開するさいに与える影響について分析していく必要性を主張したい。ここで重要な点は、エスニシティ研究の知見を借りれば、いわゆる〈エスニック・マイノリティ〉として社会構造上に位置づく外国人労働者がアクターとなる運動のばあいは、日本人労働者が中心となる運動と比べて運動の展開がより難しいと推測できることである。外国人労働者あるいは外国人労働者がアクターとなる労働運動がいかに社会のなかで独特の位置におかれているのかについては第2章で明らかにされるが、このように本書では、日本人労働者とは立場の異なる外国人労働者を「周辺」労働者の一部として同様に議論することを問題視したい。すでにふれたような〈労働のグローバル化〉のかかえる課題に向き合うためには、日本人労働者とは異なるエスニシティ独特の問題構造に直面する必要があり、その特殊性に迫っていく必要があるだろう。

　一方、〈労働のグローバル化〉をめぐる議論は、経済、社会、労働、政策など多角的なアプローチにより発展してきたが、「外国人」を対象にしぼった研究はとくに社会学分野に集中しがちであった。これまで社会学分野によるエスニシティ研究には、大きくわけて2つの潮流がみられる。ひとつは、定住化する外国人を日本社会のなかの「生活者」あるいは「地域住民」と位置づけ、日本の地域社会のなかで徐々に顕在化するエスニック・コミュニティやエスニック・ネットワークに着目し、彼らの生活を描き出すとともに彼らとの「共生」の重要性を指摘する研究[10]である。もうひとつは、定住化する外国人を「外国人労働者」としてとらえて労働市場のメカニズムのなかに位置づける研究[11]がある。両者が織りなすエスニシティ研究の分厚い蓄積では「越境する労働」そのものについての理解を深めることができる一方、冒頭で述べたような〈労働のグローバル化〉の進展によって今後ますます重要性を増す、外国人労働をめぐる集合行為や日本の労働組織との関連にまで踏み込んだ議論には至っていない。彼らを日本社会における「生活者」であると同時に「労働者」として位置づけつつも、外国人労働をめぐる集合行為と労働組織をめぐる議論は両者の研究領域のはざまに追いやられてきたよう

にもとらえられる。

このように考えると、「社会学を中心とした『外国人』の研究者はエスニシティや文化の側面に関心を集中しがちであったし、労働研究の分野では、外国人労働はあまりにも周縁的かつ特殊な問題領域として扱われてきた」（五十嵐2010:12）という指摘がなされるように、これまでエスニシティ研究と労働研究の両領域がうまく接合されてきていないという研究領域上の溝が浮き彫りになってくる。今後は、理論的にも実証的にもエスニシティ研究と労働運動研究における研究領域の歩み寄りが重大な課題といえるだろう。とりわけ、本書で注目する「外国人労働者たちの運動による連帯」を説明するためには、エスニシティ研究による知見だけでなく、労働社会学研究（とくに以降でふれるSMU研究）からの知見を十分に取り入れながらさらなる議論を展開していく必要がある。

以上の議論をふまえて、本書では、労働組合研究にエスニシティの視点を導入することで両研究の接合を試みる。そして、本書では今後求められる課題が「外国人による労働運動（以下、多国籍ユニオニズム[12]（MU））が、彼らが埋め込まれる社会構造のなかでどのようにエスニシティを前提として成り立ちうるのか」という点の解明にこそあるとする立場にたち、外国人労働者をとりまく諸条件や社会的な機会と労働組合運動のかかわりを明らかにしていく。ここで本書が取り入れるエスニシティの視点とは、社会学研究のエスニシティ分野による実証研究の分厚い蓄積のなかで培われたものであり、その関心の中心はエスニックな社会集団や社会的ネットワークにある。ここでは、外国人労働者が埋め込まれる独特の社会構造を明らかにしたうえで、組合の運動資源としてのエスニシティに着目していく。たとえば、外国人の政治参加をエスニシティの視点から説明しようとする樋口直人の試みは、社会構造上に位置づくアクターとしての外国人とその参加を可能にする資源動員への着目という側面からとらえれば本書にも通じる共通の問題意識があり、示唆を与えてくれよう（樋口2002など）。

序章　問題意識と研究の背景　9

〔注〕

1　多くの研究者が〈経済のグローバル化〉と表現するなかで、本書ではあえて〈労働のグローバル化〉という表現を用いたい。その理由は、〈経済のグローバル化〉という表現には、資本としてのヒト（の移動）に着目するニュアンスが含まれている一方、〈労働のグローバル化〉では、ヒトを「働くひと＝社会的に行為する者」としてとらえるニュアンスが含まれており、本書の視点に共通するものがあるからである。

2　中村（2009:23）を参考にして作成したものである。

3　経済学では、こうした外国人労働の参入が日本人労働者にいかなる影響を与えるのかを探る研究が多くみられ、なかには労働市場のなかで日本人労働者と外国人労働者が雇用をめぐって競争関係にあることを危惧する研究もある。

4　小川の主張は2004年時点のものであるが、2017年現在においてもこうした企業別労働組合による外国人社員の組織化の事例はほとんど聞かない。

5　ここでは日本人の非正規雇用者層も含む。

6　「個人加盟ユニオン」とは文字どおり個人加盟型の労働組合であるが、小谷（2013:3）の定義を借りれば、「1990年代に世代、性別、エスニシティ、職位といった社会的属性を結合単位として労働市場横断的に生成した新しい形の個人加盟労働組合」のことである。

7　現在最も注目を集めている事例としては、NPO法人POSSEなどが挙げられる。

8　もちろん、労働とエスニシティをテーマとした個別的な研究報告などはいくつかなされているが、体系的に議論が発展し、論争がおこるような大きな研究成果にはどれも至っていないのが現状である。日本労働社会学会において初めて外国人雇用に関する報告がなされたのは、1996年9月22日に専修大学で開催された「第7回日本労働社会学会大会」における竹内洋（京都大学）の「日本の外国人雇用が南米の労働者とコミュニティに及ぼす影響」と題された報告である。

9　こうした労働社会学の男性中心主義への反省を促したのは、木本喜美子による女性労働にかんする議論である（たとえば木本（1995）など）。

10　代表的な研究としては奥田道大ほか（1994）など。

11　代表的な研究としては梶田孝道ほか（2005）など。

12　本書では、「外国人による多国籍的な特徴をもつ労働組合による運動」のことを、「多国籍ユニオニズム（Multinational Unionism）」（以下、MU）と定義して用いたい。MUは、従来用いられてきた「社会運動ユニオニズム（Social Movement Unionism；SMU）」の下位概念として位置づけることができる。本書では、SMUのなかから多国籍の特色の運動をMUとして区別してあつかうことで、序章で確認してきた研究上の問題に取り組もうとする。

第1章
労働のグローバル化と組合運動をめぐる先行研究

1 問題の所在

　本章の課題は、(1) アメリカ合衆国のSMUを対象とした理論的／実証的な先行研究の到達点を確認すること、(2) そのSMU研究がどのように日本の研究に影響を与えてきたのかを把握すること、(3) 日本のオルタナティヴな労働組合をめぐる研究を批判的に検討しながら先行研究群の問題点を洗い出すことの3点である。

　序章ですでにふれたように、現代日本において急速に深化しつつある〈労働のグローバル化〉は日本の労働のありかたに今後さらなる影響を与えることになるだろう。とりわけ、〈労働のグローバル化〉の日本の労働組合への影響については、序章で確認したように現在すでに新たな動きが生じている。近年の労働組合研究分野で最も注目を集めているのは、従来の企業別労働組合とは運動の方向性や組織対象が大きく異なった個人加盟ユニオンや労働NPOといった新しいタイプの労働組織の台頭であり、これらの労働組織にまつわる研究書も2000年代以降に数多く出版されるようになった[1]。こうした新しい労働組織では、かつて労働組合運動の主流とされていた企業別労働組合において組織されずにいた周辺層に位置づく労働者を組織することによって組織拡大を図ろうとする点が最も重要な特徴のひとつともいえる。日本における労働市場の「周辺」層には、女性や若年層の非正規雇用者とともに外国人労働者も含まれることになる。つまり、本書が取り上げようとするMUの運動は、こうした新しい労働組織体の形態をとっており、それらによって担われていることが多い。とりわけ、個人加盟ユニオンでは「女性」

「若年」「外国人」といった社会的属性を結合の単位としながら彼らの組織化をめざしており、こうした労働組合を本書では「オルタナティヴな労働組合」と総称し、その運動に着目していく。

そこで本章では、こうした日本のオルタナティヴな労働組合とそれらが展開する運動をめぐってこれまでどのような研究が展開され、今まさにどのような研究が求められているのかについて論じていく。そのさいにここでは、海外の研究蓄積からも学ぼうとする。近年、先進工業国に共通する労働組合あるいは労働運動の危機を受け、欧米諸国を中心に各国で戦略的で大規模な労働組合の組織内部の変革がみられるようになった。この改革はこれまで対象とされてこなかった外国人労働者や女性といった周辺労働者たちの組織化をも含めた労働組合の新しいかたちを形成しており、こうした周辺層の組織化に焦点を当てた組合運動という特徴は日本のオルタナティヴな労働組合の志向性と共通するところがあることはすでに多くの研究者たちによって指摘されてきた。また、こうした動きは労働組合の組織内部の変革にとどまらず、社会運動団体との連携や労働者の国際連帯などこれまでのいわゆる「労働運動」における労働領域の枠を超えた社会的領域にまで運動の幅を広げていく点も従来の労働運動にはみられなかった新しい特徴として注目されている。こうした新しい労働運動は、しだいに労働組合研究者たちによってSMUという概念で説明されるようになる。SMUをめぐる研究は欧米を中心とした先進諸国において発展してきており、日本でも本章のなかで詳述する鈴木玲や山田信行の手によってSMU理論の精緻化と事例研究の紹介がなされ、日本の労働社会学のなかに新たな研究領域として位置づけられつつある。現在、日本におけるSMU研究には2つの潮流があるといえる。ひとつは、日本人研究者の手によって海外をフィールドとした事例研究の蓄積である。もうひとつは、日本のオルタナティヴな労働組合を事例とした研究の蓄積である。この両者をつなぎ、日本の労働組合をよりよく説明することのできる枠組みの精緻化が急がれるが、後に指摘するようにこの両者はうまく連携されていないのが現状である。とくにアメリカ合衆国の研究蓄積をそのまま日本の組合の説明に用いようとする傾向が強い。本章ではこうした反省をふまえながら、

まず欧米諸国のなかでもとくに研究蓄積が集中しているアメリカ合衆国の
SMUをめぐる先行研究のレビューをとおして、それらの研究蓄積による
SMU理論の到達点を確認する。さらに、日本におけるオルタナティヴな労
働組合とアメリカ合衆国のSMUとを対比させながら両者の特徴にはいくつ
か決定的に異なる点がみられることを指摘し、日本独特のユニオニズム[2]現
象を説明するためには新しい方法論的枠組みの検討が必要であることを提起
する。結論を先取りしてまとめるならば以下のようになる。

　アメリカ合衆国のSMUと日本のオルタナティヴな労働組合は、(1) その
中心を担う組織形態や特色、(2) SMUと労働組合の関係、(3) 社会運動組織
との同盟関係の進行状況などの点でその性質の特徴が大きく異なっているこ
とが明らかになる (Suzuki 2012)。鈴木によれば、アメリカ合衆国のSMUは
強力なリーダーシップのもと既存の全国組合組織を基底とした労働組合内部
の変革（具体的にはランク・アンド・ファイルの戦略的動員や移住労働者や女性な
ど周辺労働者たちの組織化）に成功し、社会運動組織（SMOs）との連携におい
て労働者の国際連帯や集合行為を可能にしている。一方、日本のユニオニズ
ムではそのような急進的な発展はなされておらず、全国的な連帯や集合行為
には至っていない[3]。その原因としては、アメリカ合衆国のようにすでに資
源を獲得しやすい既存の全国労組ではなく、歴史が浅く組織の根幹の脆弱性
が課題とされる個人加盟ユニオンがその主な担い手であることが挙げられる。
本書では、SMUの要素のなかでもとくにアメリカ合衆国の先行研究が集中
的に着目してきた「労働組合の再活性化」に焦点をしぼり、日本のオルタナ
ティヴな労働組合をとらえるうえでの重要な手がかりにしていく。

2　SMU研究の到達点

2.1　労使関係論を超える新たなパースペクティヴの深化へ

　SMUとは、「もともとブラジルや南アフリカなどの新興工業国がとった権
威主義的な開発政策やアパルトヘイト政策に対抗する労働運動を説明する概
念として使われ」てきた（鈴木2012: 1）のだが、最近のSMU研究では、アメ

14

リカ合衆国をはじめ、オーストラリア、カナダ、イギリス、韓国、そして本書の対象となる日本など、多くの先進国における労働運動へとその対象領域を広げていった。ここでは方法論的議論と事例分析の双方が織りなされることによって発展してきたアメリカ合衆国の研究動向を追い、その特徴を把握したい。アメリカ合衆国の労働組合運動は、1995年にJ. スウィニーがAFL-CIO会長に就任したことによって風向きを大きく変えた。それまでの労働組合組織とは異なり、組合の活動は移民労働者の組織化に重点がおかれ、その後の労働組合の組織率上昇は、労働組合研究者の注目を集めた。それらは、従来の労働組合の組織対象から疎外されてきた移民やマイノリティを組織する新しさと、「戦闘性、非常に民主的な組織運営、包括性」(Burgmann 2006: 16) が特徴とされ、「新しい社会運動の最良の側面と、労働運動の最も勇ましい伝統を併せもつ」(同上: 16) 新しい労働運動としてとらえられてきた。

　全米サービス従業員労働組合（SEIU）が取り組んだ組織化の事例でとりわけ注目されたのは、1980年代末からロサンゼルスなど多くの都市で展開された「ジャニターに正義を」(Justice for Janitors) キャンペーンによるジャニター[4]の組織化である。その当時、ジャニターのほとんどが中南米系の移住労働者で資格外労働者であり、健康保険も年金もなくさらに下請けという悪条件であった（ウォン 2005: 141）。SEIUは以前からジャニターを組織してきたが、「1978年にLAのジャニターの組合員は5000人に上ったが、その後1985年までには1800人にまで下がってしまった。その頃、ラテン系移民が女性を含めて労働力の重要な位置を占めていたため、スウィニーによる組織化が進められることになった」(Clawson 2003:99-101)。このキャンペーンが成功した要因を多くの研究者が考察してきたが、そこで共通する要因はイシューの取り上げかたにあった。組織化による賃金・労働条件の向上をジャニターの私的な利益へ貢献すると訴えたのではなく、低賃金や劣悪な労働条件のもとで働くジャニターの組織化を公民権あるいは社会正義の問題として『フレーミング』したことが挙げられている」(鈴木 2005: 4)。また、キャンペーンではジャニターを人目につくようにする戦略が採用され、普段は夜に仕事をするジャニターたちが昼間にデモをおこなうことで自らを顕在化したことも成功

の要因であったと分析される（ウォン 2005: 142）。「赤いシャツはジャニター
の象徴となり、それを着ていれば市営バスに無料で乗れるほど支持が広が
り」（ウォン 2005: 143）「何千人ものジャニターが組合に集う」（同上）ように
なった。

　SMUの重要な要素としては、(1) 既存の労使関係の制約の超越と労働運
動の目的の見直し、(2) 労働運動と社会運動団体の協力・同盟関係とそれら
の具体的な形態、(3) 労働組合内部の変革、(4) 労働者の国際連帯という4
つが挙げられる（鈴木 2005）。こうした特徴のなかでも、とくに先行研究が
重点的に取り上げてきたのは (3) 労働組合内部の変革である。これまで述
べてきたようなアメリカ合衆国における事例が労働組合組織の変革に力点を
置いてきたことが影響している。鈴木 (2005) によると、多くの先行研究は
組合内部の改革を社会運動的労働運動の重要な構成要素とみなしており、と
くにアメリカ合衆国の労働組合を対象とした研究では、組合民主主義や草の
根レベルでの動員を強調する研究が多い。ミルクマンとウォン (2001) は
「移民労働者の組織化（"Organizing Immigrant Workers"）」と題した論文のなか
で、南カリフォルニアの事例比較分析をとおして移民の組織化の成否を探求
している。成功事例として、(1) ロサンゼルスでオフィスビルを清掃する用
務員、(2) 住宅建設業に従事する石積みハンガーの組織化の2事例を取り上
げ、失敗事例としては (3) ゲス（GUESS）のアパレル労働者、(4) ロサンゼ
ルスのロングビーチのトラック運転手の2つの事例を取りあげ、(1) と (3)
は組織化モデルのうち「リーダーシップ指向型」であり、(2) と (4) は
「下からの組織化型」である点に着目した。ミルクマンらの結論では、「リー
ダーシップ型」か「下からの組織化型」かは直接的な成否要因ではなかった
ことが示され、上からの組織化か下からの組織化かをめぐる論争に影響を与
えた。こうした労働組合組織の変革をめぐる研究は、「労働組合の再活性化
理論」としても独自に発展してきた。この理論は労働組合衰退論のアンチ
テーゼとして生まれたものであり、主に労働組合のとる戦略に焦点を当てる
ものが多い。次に労働組合再活性化理論の動向について確認していこう。

2.2　労働組合再活性化理論の視座

　前節でみてきた状況を受け、多くの労働組合あるいは労働運動研究たちが労働組合衰退論を唱える一方で、2000年代前半に労働組合の再活性化をめぐる理論が形成された。再活性化論者たちの主眼点は労働組合の「戦略」におかれ、労働組合を戦略的アクターとしてとらえ、「労働組合のとる資源動員戦略しだいでは衰退を食い止め」ることができるとする視角をもつ（鈴木2004: 9-10）。このような労働組合再活性化論を興隆させた最も重要な現象は、1990年代にアメリカ合衆国の労働運動における決定的な戦略的イノベーションの発達とひろがりが生起したことである（Turner and Hurd 2001: 10）。新しい戦略のほとんどは、直接的あるいは間接的にSMUの特質である一般組合員の参加あるいは動員における新しい主眼点と関連しており、今日の組合の内部再編成の多くは、広がるランク・アンド・ファイルの参加と新しい組織化を可能にするための組織改革を目的としている（同上）。組織化によるランク・アンド・ファイルの動員、草の根の政治などという主眼点への移行は、ビジネス・ユニオニズムからSMUへの移行として特徴づけることができる（同上:11）。ターナーとハード（2001）は社会運動とSMUの相違について、社会運動が変わりやすい歴史の波のなかで現れたり消えたりする幅広い社会的な現象である一方、SMUはメンバーの参加と活動を基盤としたユニオニズムの類型であると特徴づけている。今日の戦略は、広くパワフルな社会運動が制度的変化をもたらし、それによってローカルレベルで活動家をサポートするという双方向のプロセスに焦点をあてるようなSMUの確立を目的としている（同上: 11）。

　では、こうした目的のために労働組合は具体的にどのような戦略を用いるのだろうか。労働組合再活性化論のなかでは、大きく分けて3つの戦略モデル —— (1) 組織化モデル、(2) サービス・モデル、(3) パートナーシップ・モデルが打ち出されている（**図1-1**）。

　組織化モデルは、「一般組合員の労働組合への関与を強めて職場の組合活動を活発にするとともに、活動家と一部の一般組合員が未組織労働者を積極

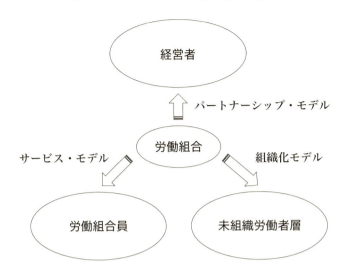

図1-1 労働組合の再活性化のための3つの戦略
出所：Voss and Sherman（2000）および鈴木（2004）を参考に筆者作成。

的な方法で組織化していく戦略」である（鈴木2004: 12）。このモデルでは、未組織労働者にたいする戦略的なアプローチがメインになるため、SMU指向の組合が採用する戦略として位置づけることができる。「一部の組合は『組織化モデル』を戦略として採用して組合員の動員による運動的側面を重視する」ようになり（鈴木2005: 3）、こうした事例を取り上げたケース・スタディの蓄積は労働組合再活性化論のなかでも主要な位置を占めており、最も研究的関心が注がれているのが組織化モデルである。サービス・モデルは「『顧客』とみなされた既存組合員（集団としての組合員、あるいは組合員個人）にサービスを提供し、また組織化対象の労働者にサービスの質を強調して組合加入を促進する戦略」である（同上）。サービス・モデルは、アメリカ合衆国ではビジネス・ユニオニズムにおいて主流なタイプのモデルであり、労働組合のメンバーにたいするアプローチに活動の力点を置いていることが特徴的である。また、パートナーシップ・モデルは「労働組合が経営者と労使協調や生産性向上などに基づいたパートナーシップ協定を結ぶことで、すでに組織化されている企業の組合組織と団体交渉権を維持し、未組織企業への

組織拡大を行う戦略」である（同上）。労働組合では再活性化を目的として以上の3つのモデルのいずれかを採用している。しかし、この3つのモデルのうち複数を組み合わせて選択する労働組合の存在も明らかにされ、組み合わせのパターンの相関関係なども検討されている。例えば、ヒーリーはイギリスの労働組合においては組織化モデルとパートナーシップ・モデルの2つのモデルに関連がみられることを明らかにした。また、労働組合はこれまで採用してきたモデルから別のモデルへの転換をおこなうこともある。しかし、「3つの戦略は相容れない側面を持つため、ある組合が戦略を転換すると組合内部で軋轢が起こることが予想され」(鈴木 2004:13)、とくに労働組合がサービス・モデルを採用していたばあいから組織化モデルへと転換を試みたばあいに内部からの抵抗が起こることが先行研究のなかですでに示されている。これは、組合員にたいするサービスの提供から未組織労働者へのアプローチに組合の焦点がシフトすることへの組合員の不満が原因であるといわれている。

2.3　SMU研究における日本の労働研究への影響

　では、こうしたアメリカ合衆国あるいはイギリスの事例は、日本の労働組合研究にどのように影響を与えてきたのであろうか。日本では2000年代後半以降に「社会運動ユニオニズム」、「社会運動的労働運動」、「新しい労働運動」などのタイトルがついた日本語の研究書の出版が相次いで目立つようになった。その皮切りとなったのは、法政大学大原社会問題研究所によって2005年に発刊された『大原社会問題研究所雑誌』の562/563合併号、564号、565号の3本に連続で特集された「社会運動的労働運動の概念と現状」「社会運動的労働運動の歴史と現状 (1)」「社会運動的労働運動の歴史と現状 (2)」であった。とくにこの特集のなかで鈴木玲が「社会運動的労働運動とは何か —— 先行研究に基づいた概念と形成条件の検討」と題して発表した論文のなかではSMUの概念および理論的特徴が丹念に整理された。しかし、鈴木の同論文が重要な意味をもつのはそれだけではない。彼は同論文の結語において「日本の場合、90年代以降活発になったユニオン運動（管理職、女性、コミュニティーなど）は、社会運動的労働運動の性質をもっているとみること

ができる」(鈴木 2005:13) と指摘した。この指摘は日本のユニオン運動を SMU としてとらえることへの最初の提起であり、これまでのコミュニティ・ユニオンに着目した研究に新たな概念的・理論的方向性をもたらしたといえよう。さらに同特集のなかで、福井祐介の「日本における社会運動的労働運動としてコミュニティ・ユニオン」と題した論文も同時に発表され、同論文ではコミュニティ・ユニオンが日本の SMU の担い手として位置づけられたうえで、「共益と公益のあいだ」におけるその社会的機能の側面に焦点を当てながら論が展開された。さらに同特集が発表された2か月後の2005年11月には、国際労働研究センターが『社会運動ユニオニズム ── アメリカの新しい労働運動』という著作を出版した。1995年に設立された「国際労働研究センター研究会」の10周年を記念するかたちで出版されたものであるが、国内外の労働運動の前線にいる活動家および専門家の手によってロサンゼルスの移民による労働運動や生活賃金運動、HERE の国際連帯など SMU 志向の運動における先駆的事例がより詳細な記述でまとめられた内容がほとんどを占める労作である。ただし、同書においては、日本の個人加盟ユニオンの事例についての記述はほとんどみられない点が特徴的である。

その7年後の2012年4月に再び、法政大学大原社会問題研究所の『大原社会問題研究所雑誌』642号において「コミュニティ・ユニオン研究の新たな動向」と題した特集が組まれ、4本の論文が掲載された。しかしながら、同特集では2005年の SMU 特集からの理論的な進展はとくにみられていない。ただし2005年の特集を継承するかたちで2012年に鈴木玲を筆頭として *Cross-National Comparisons of Social Movement Unionism: Diversities of Labour Movement Revitalization in japan, Korea and the United States* が英文で出版され、同書にはマクロレベルの分析も含めた三か国の国際比較研究としての成果が収められた。同書については第2章で詳しく取り上げたい。

一方、Suzuki ed. (2012) の共同執筆者である山田信行もまた SMU を理論と実証の双方から日本に積極的に紹介してきた研究者の一人である。山田は SMU 研究の理論的整理を "What Is Social Movement Unionism?: Its Uniqueness and Implications." および "Globalization and Social Movement Unionism: What Does

It Mean to Organize Immigrants?"の両論文で発表した2008年以降、アメリカ合衆国の移民が担い手となる労働運動の調査を長期にわたって手がけており、2014年1月に『社会運動ユニオニズム ── グローバル化と労働運動の再生』がその研究の集大成として出版された。山田の立論が他の研究と異なる点は、「移民が担い手であること」の意味についても研究的関心を向けており、社会運動論および関係論に依拠しながら移民相互の社会的ネットワークや移民コミュニティと労働組織の関連にも着目をしている点である。こうした点では、アクターとしてのエスニシティがもつ運動資源と労働運動との関連を探ろうとする本書の分析視角と共通するところがあるといえよう。

3　日本のオルタナティヴな労働組合をめぐる研究の位置

　以上に示してきたようなプロセスを経て、SMU研究の視座が日本のオルタナティヴな組合の研究に組み込まれてきた。では、日本のオルタナティヴな組合研究は具体的にどのように展開されてきたのだろうか。ここでは主に1990年代以降より事例研究が重ねられてきたコミュニティ・ユニオンや個人加盟ユニオンを対象とした労働組合研究の動向とその到達点について把握したい。

3.1　日本のオルタナティヴな労働組合をめぐる研究の展開

　日本では、アメリカ合衆国の事例のように従来の労働運動のメインストリームであった労働組合が変革してSMUを志向する傾向はあまりみられず、すでに示してきたように、2005年の鈴木論文以降、そのようなメインストリームとは一線を画す個人加盟ユニオンや労働NPOといった新しい労働者組織がSMUの担い手としてとらえられるようになった。「江戸川ユニオン」や「管理職ユニオン」といった個人加盟型の「ユニオン」と名のつく労働組合組織が1980年代以降に多数設立されたため、現在日本には全国でおよそ300の個人加盟ユニオンが存在し、3〜5万人の組合員がいると予測されている（遠藤 2012:7）。こうした労働者組織の台頭は、これまでそのほとんどが労

使関係論的立場に依拠してきた労働組合研究を大きく揺るがし、労使闘争への関心を超えたいくつかの新たなパースペクティヴを付与することになる。そのパースペクティヴは以下のとおり、大きく分けて2つを挙げられる。

3.1.1 「労働者」カテゴリーの崩壊と社会的属性による結合

　まずひとつめは、「労働者」とは労働者階級に属する者を指し、労働組合運動は階級闘争的性格を持つ。現代社会においてもはや働く人びとをいわゆる「労働者」「労働者階級」というようにひとくくりにできないことはすでに多くの論者が指摘しているが、こうした労働者カテゴリーの崩壊は、労働組合の運動展開をめぐって重大な問題となる。また、働く個人にとっても、労働をめぐる問題が起こったさいにそれを社会的に解決する場の不在、そしてさらに連帯しづらい社会のなかで孤独に生きることは遠ざけることのできない重要な問題である。例えば、非正規雇用で転職をともなう流動的な労働に携わっているばあい、仮に企業内コミュニティや職場内のコミュニケーションあるいは社会関係があったとしても、転職をするたびにそれらはその場限りの社会的資源でしかなくなってしまう。転職をするたびに次の職場で新たな社会関係が形成されるが、その代わりこれまでの社会関係を失うことになるため、最終的にはいつでも情報を交換したり、ある問題をともに解決するために連帯したりといった「場」を持つことができない。また、そうした「場」の機能をもつ企業別あるいは企業内労働組合において非正規雇用層は組織対象にされることが未だ少ない。

　それに代わり80年代以降、非正規雇用者層のためのオルタナティヴな労働組合が「ユニオン」としてさまざまな形態で姿を現した。古い歴史をもつ地域労組から発展したものもあれば、まったく新しく作られたものもある。それらの共通する特徴としては、結合単位が「労働者階級」や「製造業の労働者」という枠にとらわれない階級横断的であること、そして個人加盟型である一方で「女性」「外国人」「管理職」「フリーター」など社会的属性が結合単位となり、現代社会的課題を掲げる社会運動的性質をもつことが特徴である。小谷（1991）の女性ユニオンと東京管理職ユニオンの事例研究を発端として

労働組合の社会的な機能側面に光が当てられることになる。小谷（2013）は現代社会を「個別化した都市型社会」ととらえ、いわゆる「労働者」として連帯するのではなく、「女性」など社会的属性を結合単位とする「新型ユニオン」の事例に迫った。そのほかにも個人加盟ユニオンにおける経験的な実態調査は進められつつある。例えば社会的結合単位ではなく居住地域を結合単位とするコミュニティ・ユニオンの事例は多数みられる。しかし、こうした事例から浮き彫りになるのは、個人化した労働社会のなかに連帯する「場」を提供すべく現れた個人加盟ユニオンを人びとは「場」と認識せず、一時的に立ち寄るだけでそこにとどまらないという皮肉な事実であった。個人加盟ユニオンのこうした状況を現場の人びとはよく「まるで労働相談センターのようだ」と比喩するが、この表現から彼らが一時的な「労働相談」だけにとどまらない組織を目指していることがうかがえ、またそれがうまく機能していないこともうかがえる。その理由として、個人化に適応すべく生まれた「個人」加盟ユニオンも、膨大な未組織労働者の組織化という重要な課題を抱えるにはあまりに組織的基盤の弱すぎるという点があげられるが、今のところ有力な解決策は生まれていない。

　遠藤（2012）は、このような個人加盟ユニオンをその生成と発展の過程をもとに「地域組織援助型」「一般組合転化型」「特定労働者志向型」の3類型に分類している。以下、遠藤（2012:4-7）に依拠して解説していく。「地域組織援助型」は、特定の地域を組織化の範囲や活動の本拠とする労働組合のタイプであり、「コミュニティ・ユニオン」、「地域ユニオン」、「ローカル・ユニオン」などと呼ばれることが多い。これらのコミュニティ・ユニオンの多くは1990年に結成されたCUNN（Community Union Network）によって組織間ネットワークを形成しながら活動を展開している。「一般組合転化型」は、一般組合や合同労組が非正規労働者の増加を受けて個人加盟組合員の組織化を意識的に重点化し、個人加盟ユニオンに転化したタイプをさす。また、こうした組合は「地域組織支援型」にならって組合の名称に「ユニオン」を使用することが多くなった。「地域組織支援型」や「一般組合転化型」があらゆる労働者を対象としているのに対し、最後の「特定労働者志向型」は、特

定の労働者層に組織対象をしぼった個人加盟ユニオンをさす。具体的には、社会的なカテゴリーを結合単位とするユニオンであり、「女性ユニオン東京」、「東京管理職ユニオン」、「首都圏青年ユニオン」などが事例として挙げられる。また、本書の事例も含めて外国人労働者の組織化をうたうユニオンもこの「特定労働者志向型」に含められる。

3.1.2 社会運動志向性

上述した福井 (2005) はSMUのひとつとしてとらえたうえで、その社会的機能とその反面性について論じた。また、最近では社会的な属性を結合単位とする「特定労働者志向型」ユニオンの事例研究が小谷幸らによって蓄積されている。個人加盟ユニオンの多くは、ユニオンが取り組む課題を労使関係の改善や労働問題の解決のみならず社会的に共有されるようなイシューに広げた活動にも取り組む姿勢をみせている。法政大学大原社会問題研究所 (2010) の調査結果 (**表1-1**) によると、回答した全国の個人加盟ユニオンが「地域社会の問題、社会問題全般への取り組み」で具体的に取り組んでいる課題は、「憲法・平和問題」(48.4%)、「政治運動」(27.3%)、「住居・生活問題」(20.5%) の順に多く、一方、アメリカ合衆国のSMUの中核をなすジェンダーやエスニシティの課題については、「外国人労働者」(19.3%)、「ジェンダー問

表1-1 「地域社会の問題、社会問題全般への取り組み」で具体的に取り上げている課題

	回答数	割合 (%)
憲法・平和問題	78	48.4%
政治運動	44	27.3%
住居・生活問題	33	20.5%
公共サービス	31	19.3%
外国人労働者	31	19.3%
環境・開発・原発問題	22	13.7%
ジェンダー問題	14	8.7%
その他	10	6.2%
無回答	69	42.9%

出所：法政大学大原社会問題研究所 (2010:15) をもとに筆者作成。

題」(8.7%) にとどまる。

3.2 アメリカ合衆国のSMUとの重要な相違点

以上に示した日本のオルタナティヴな労働組合は、労働組合研究者たちによってSMUとして位置づけられ論じられてきた。しかし、先述したSMUの特徴（(1) 既存の労使関係の制約の超越と労働運動の目的の見直し、(2) 労働運動と社会運動団体の協力・同盟関係とそれらの具体的な形態、(3) 労働組合内部の変革、(4) 労働者の国際連帯）と照らし合わせると、日本のユニオニズムをSMU志向と位置づけることが適切かどうかには議論の余地がありそうだ。そこで、本書のなかでは敢えて日本のユニオニズムをSMUとは同義にせず、「オルタナティヴな労働組合」としてとらえるにとどめておくことをここで改めて確認しておきたい。ここで、アメリカ合衆国のSMU研究と日本のユニオニズムとの相違点を把握しておこう。ここでは、Suzuki (2012) に示された日本とアメリカ合衆国のSMUの比較した（**表1-2**）をもと

表1-2　日本とアメリカ合衆国のSMUの比較

	日本	アメリカ合衆国
労使関係制度	企業レベルに分散化	交渉単位（主に企業や工場）に分散化、但し全国組合がローカル組合にたいして権限をもつ
「主流」労働組合の政策志向	労使協調主義の企業別組合	ビジネス・ユニオニズムを志向したローカル組合
労働市場分断の主な社会的要因	ジェンダー、年齢（今後はエスニシティも）	エスニシティ
SMUと「主流」の労働組合との関係	SMUは「主流」組合の外で発達した	SMUは既存の全国組合のなかで発達した
SMUの組織形態	個人加盟組合、合同労組	社会運動を経験した活動家が指導する全国組合（SEIU, CWA, HERE and UNITE）の一部のローカル組合
SMU志向の労働組合とコミュニティ組織・社会運動組織の同盟関係	あまり広がっていない、同盟を組む社会組織があまり存在しない	同盟を組むコミュニティ、社会運動組織が多く存在し、同盟関係が広がっている

出所：Suzuki (2012) に基づいた鈴木 (2012: 5) の翻訳・加筆より抜粋。

にして論じていく。アメリカ合衆国と日本の差異は、(1) SMUと「主流」の労働組合との関係、(2) SMUの組織形態、(3)「再」活性化か活性化かの3つである。

3.2.1 SMUと「主流」の労働組合との関係

まず、相違点のひとつめとして挙げられるのは、(1) SMUと「主流」の労働組合との関係である。アメリカ合衆国のSMUでは「ビジネス・ユニオニズムから社会運動ユニオニズムへ」という潮流のもと既存の全国組合のなかで発達してきた一方で、日本のユニオニズムでは「主流」組合の外で発展してきたという点である。この点において重要なポイントは、運動を展開するさいに求められる運動資源の量である。アメリカ合衆国のように既存組織を改編するかたちでSMUが発展するばあいは、組織の確立を課題とすることなく既存の資源が利用できることが多く、それにともなって組織化も早く進むと考えられるだろう。一方、日本のように従来の労働組合と別の枠で進展させなければならないばあいは運動の発展以前に組織の確立が課題となるわけである。この点は日本においてSMU志向の組織間連携があまり進んでいない原因のひとつともいえるだろう。

3.2.2 SMUの組織形態

次に (2) SMUの組織形態である。アメリカ合衆国のSMUを展開している中心的な労働組合組織は、その多くが従来も一定の力を持ち従来の労働運動の主流に位置づけられていたような既存の全国組織 (AFL-CIO、SEIU、HEREなど) であった一方、日本ではユニオニズムの中心に位置するのは、従来の主流労働組合ではなく個人加盟ユニオンや地域ユニオンといった新型労働組合である点が決定的な相違点として挙げられる。すなわち、日本のユニオニズム組織が個人加盟ユニオンという形態をとっていることにその特質が見出されることになる。また、日本のユニオニズムではその組織体を超えた連帯や組織外ネットワークによる同盟関係が十分に形成されていない状況にある点もアメリカ合衆国との差異のひとつといえる。こうした点をふまえて本書

は、日本のオルタナティヴな労働組合を SMU と同義にはせず、「ユニオニズム」という用語を使ってとらえることとする。

3.2.3 「再」活性化か活性化か

さらに重要なポイントは、以上にレビューしてきたアメリカ合衆国の SMU やそれと関連する労働組合再活性化理論では、文字どおり労働組合の「再」活性化のための理論であるという点である。すでに指摘してきた点とも関連するが、日本の労働組合のばあいには、アメリカ合衆国のように組合を「再び」活性化させるという趣旨とは運動の方向性が異なる。なぜならば、日本の今日的な労働組合運動においては、長年の労働運動の歴史から蓄積された既存の資源を動員しながらも、組織の変革ではなく、ブランド・ニューな組織による運動形態の発生を意味しているからである。こうした意味において、日本の労働運動に新しさをもたらす可能性を秘めており、アメリカ合衆国のそれとは異なる新しい知見を得られると考えられよう。

4 日本のユニオニズム研究に求められる課題

以上のように日本のユニオニズムは個別の組織の活動展開にとどまり、アメリカ合衆国のような規模において目立った展開はみられていない状況であるといえる。日本のオルタナティヴな労働組合運動はアメリカ合衆国の SMU と比べるといくつかの点で異なる特徴をもっている。これまでアメリカ合衆国の SMU における方法論や分析の視点が注目され、日本の研究にもたらされるインプリケーションが提示されてきた一方、意外にも日本の特質をふまえながら、その議論をオリジナルに援用し独自に発展させていく重要性は指摘されてこなかった。こうした現状において、日本の労働組合研究においては、まずはそうした連帯を可能にするべく個別の労働組織がひとつの運動体として組織を存続維持しえる条件を追求することがまず真っ先に求められるだろう。こうした視点にたつと、これまでの日本における研究では、アメリカ合衆国の研究で最も重要視されてきた労働組合組織の「戦略性」へ

の着目があまりにも看過されていることが明らかになってくる。日本のばあいでは、個人加盟ユニオンが新しい運動の担い手と「ならざるを得ず」、しかもアメリカ合衆国のようにすでに運動のメインストリームに位置づき、運動資源を多く持っているビジネス・ユニオニズム型の労働組織に力を借りることはひじょうに難しい。個人加盟ユニオンが労働組合の活性化に向けて戦略をもち、またその戦略が実行可能になるようなしくみと資源をもつための条件を探すためには、先行の研究とは異なる新たな分析枠組みを模索する必要があるといえるだろう。

〔注〕
1　小谷 (1999)、鈴木 (2004)、鈴木 (2005)、Yamada (2008)、呉 (2011)、橋口 (2011)、遠藤ほか (2012)、Suzuki ed. (2012)、小谷 (2013)、山田 (2014) など。
2　企業別労働組合とは異なる、個人加盟ユニオンなど新しい労働者組織が担う運動の志向性をふまえて、本書ではこうした日本の新たな労働運動をユニオニズムと表現したい。ここでは、のちに議論するように、アメリカ合衆国のSMUと同義には用いられないという事情もある。
3　組織間のネットワーク連携レベルでは連帯している側面もある。
4　ジャニターとはビルの清掃労働者のことである。

第2章

本書の課題と分析視角

　第1章で明らかになったのは、日本のオルタナティヴな労働組合による外国人労働者の組織化と運動の展開をとらえようとするときの (1) SMUとの相違点を念頭に置いた新たな枠組みを模索することの必要性、(2) 日本人労働者とは異なる外国人の社会構造上の位置や社会的条件への着目の必要性であった。本章では、こうした先行研究の課題に即しながら本書の研究課題を設定し、第3章以降でおこなう具体的な事例分析のための分析枠組みおよび方法について論じ、本書の方法論的立場を明らかにしていく。さらに、外国人労働者の組織化に取り組む日本のオルタナティヴな労働組合の類型を整理しながら、本書の事例を有意的に選定し、研究上の位置づけについて明確にしていきたい。

1　本書の研究課題と方法論的立場

1.1　研究課題の設定

　すでに第1章で論じたように、日本において周辺労働者の組織化に取り組むオルタナティヴな労働組合を対象とした研究では、アメリカ合衆国のSMU理論に触発されながらも、現代日本の現状をより説明するための独自の理論モデル構築へと向かうための努力はあまりみられてこなかった。すでに第1章で議論してきたとおり、SMU研究を大きく発展させたアメリカ合衆国の労働組合運動と比べると、日本のオルタナティヴな労働組合運動は主流の組合との協力関係が得られないうえに運動組織の基盤も不安定かつ脆弱であり、こうした特質は運動に必要な資源の乏しさとしてとらえられよう。し

たがって、アメリカ合衆国のSMU理論を日本のオルタナティヴな労働運動の説明にそのまま用いることは難しい。こうした日本の組合研究の限界を突破し、オルタナティヴな労働組合にアプローチするためには、アメリカ合衆国のSMUにかんする分厚い研究蓄積に多くを学びながらもそれらの方法論や分析結果に甘んじることなく、現代日本独自の労働組合運動の内実をより深化して把握できるような方法論の刷新と現状分析の徹底、さらにそれら双方による理論的発展こそが今まさに求められる。本書はこうした課題に向かう最初の契機となる研究をめざすものである。

しかし、本書は日本のオルタナティヴな労働組合のすべてに適用可能な理論モデルの構築をめざすものではなく、〈労働のグローバル化〉にとくに強く影響を受ける外国人労働者の組織化と彼らの労働の権利を追求する運動 —— MUに研究の対象を限定したい。その理由は序章でも示したとおり、本書のねらいが労働研究とエスニシティ研究の交差をめざすものであることに尽きる。また、本書が参照するアメリカ合衆国のSMU研究のほとんどが移住労働者たちの運動を対象にしていることから、これらの先行研究の知見をもとに日本の事例を説明するには対象を外国人労働に限定した方がより具体的な知見が得られると考える。すでに主張したように、労働運動の展開を可能にする条件を考えるさいに、外国人労働者をとりまく環境が日本人労働者と大いに異なっていることは看過できない。とりわけ、日本において外国人には市民権をはじめとする法的な権利がないため、個人の政治参加や運動を政治的な回路へとつなげることが日本人と比べるときわめて難しい。こうした問題意識をふまえ、本書の課題を以下に設定する。すなわち、「相対的に組織的基盤が弱く運動資源に乏しいとされるオルタナティヴな労働組合において、周辺的・流動的なMUの運動が、彼らが埋め込まれる社会構造のなかでどのように彼らの社会的機会やエスニシティを組み込んで成り立ちうるのか」 —— この問いを解き明かすことが本書の目的である。

1.2　方法論的立場

では、こうした問いに向き合うためにはどのような接近法が有効であろう

か。本書では、組合組織および運動が運動資源を動員するために採るさまざまな戦略[1]に研究的関心を据え、そこに社会学的なエスニシティの視点を導入する研究方法を採用する。具体的には、外国人労働者の組織化に成功したMUの先駆的事例を対象としたケース・スタディをとおして、労働組合が採用する戦略のリアリティに迫り、その戦略の構造を社会学的視角から説明する方法を採用したい。本書では労働組合を事例としながらも、従来の労働組合論が最大の焦点としてきた労使関係への着目を最小限にとどめ、その集合行為のありかたやネットワークへの着目に徹底する方法を採用する。ここでは労使関係論の分析の中心であった労使にたいする組合戦略ではなく、運動のアクターとしての外国人労働者をとりまく社会状況に組合がいかに対応するのかという戦略に分析の焦点を据えることをここでは強調しておきたい。本書がこうした方法的立場をとる理由は以下の2点にある。

　第一に、これまでの組合研究ではその関心を組合の経済的（あるいは政治的）機能の回復に偏らせてきたため、労働組合と労働者をとりまく社会状況との関わりという視点からの分析があまりに手薄であったことである。もちろん労働組合がめざす到達点は団体交渉力や経済的機能の回復にあるが、現代日本におけるオルタナティヴな組合の課題はその経済的機能の回復以前に、「周辺」労働者たちの社会からの孤立問題、さらに未組織労働者の組織化と運動組織の安定化のための資源動員に求められるといえよう。とりわけ、本書で研究対象とする外国人労働者をめぐる組合運動は他の運動と比べて、運動のアクターが必要とする運動資源をいかに動員するのかはひじょうに重要になる。こうした資源動員の経路へのアプローチの必要性を考えるとき、労働組合のアプローチしうる対象は経営者のみにとどまらずさまざまな社会領域へとひろがりをもつ。しかし残念ながら労働社会とのかかわりに着目した研究は熊沢の労働社会論[2]に限られ、さらに事例分析についてはきわめて乏しいと言わざるを得ない。本書では、外国人をとりまくエスニック・コミュニティ領域への着目など社会学的視角を採用することで、労働者をとりまく社会領域あるいは組合内に形成される内部諸関係にまで踏み込んだ分析を可能にする。

第二に、すでに第1章で指摘したとおり、これまでの個人加盟ユニオンの研究では「戦略」的側面は看過されてきた。たとえば、先に挙げた熊沢の労働社会論では、未組織労働者でも「定着」すれば労働社会に属すること、労働社会に属していれば労働組合の構成員になることが議論の大前提となり、熊沢のいう「可視的ななかま」は「集まりやすさ」にのみその特徴が求められる。このように個人化が進む現代において労働者たちが「どのような単位で集まればよいのか」という結合単位のバリエーションに論の焦点が偏っている傾向があり、極端にいえば「集まりやすい単位で集まればいい」というやや短絡的な発想としてもとらえられてしまう。しかし、現代の労働社会および労働組合が抱える問題はそのような単純なものではなく、労働組合組織からの積極的かつ戦略的なアプローチなしでは労働者が労働社会のなかに定着することはできない。こうした労働組合側からのはたらきかけに着目するとき、現在の労働社会論には「戦略」的側面への視点が盛り込まれておらず、理論的射程の狭さに問題がある。本書は、こうした欠点を補うというよりむしろ組合の戦略を全面的に焦点化し、その内実の把握を徹底することでその重要性を指摘したい。そこで本書では「相対的にわずかしか勢力をもたない運動が、なぜ高揚し、目標達成に成功したのか」という問いを設定する。そして、この問いにたいする研究命題は、「直接的な利害当事者や運動のメンバーを超えた外部からの支持獲得、資源動員に成功したことが目標達成を成功させた」である。こうした組合が資源を動員するメカニズムはいかなるか、目標達成のためにいかなる戦略を取るのかに着目をしていく。

2　本書の分析枠組み

ここでは、上述した課題に取り組むために本書が採用する有効な分析枠組みについて検討する。本書の中心となる議論は大きく分けて、運動障壁の二重構造をめぐる議論、動員構造論的視角の導入についての議論、運動の市民社会へはたらきかけについての議論の3つの議論になるだろう。

本書では、外国人が組合運動を展開するうえでの障壁となる (1) 第一の

運動障壁：オルタナティヴな組合組織であるがゆえの組織的脆弱性、(2) 第二の運動障壁：運動のアクターが外国人であるがゆえの社会構造上の制約の2段階の運動障壁に着目し、そうした状況のなかで資源を動員する戦略とそのメカニズムを解明する方法を採用したい。分析視角としては基本的に社会運動論のなかで政治的機会構造論およびフレーミング理論とともに切磋琢磨されてきた資源動員論から多くを学びつつ、そこから派生した動員構造論の流れをくみながら発展させていく。

2.1 MU に想定される運動障壁の二重構造

MUにおける運動の展開を考えるさいに、何よりもまず、その担い手がいわゆる〈マイノリティ〉であるという点に留意する必要があるだろう。日本社会において外国人が言語の不自由さや法的な立場の弱さなどの影響をうけ、ホスト社会での社会参加や政治参加の面においても困難性を帯びることはすでに多くのエスニシティ研究により自明の知見とされている。とりわけ、日本で外国人には市民権をはじめとする法的な権利がないため、個人の政治参加や運動を政治的な回路へとつなげることが日本人と比べるときわめて難しく、こうした点から日本社会では外国人をめぐる社会的課題にさいしてつねに「日本人による外国人支援」という姿勢が中心とされてきた。このように「日本の外国人支援の特徴としてマジョリティである日本人が主な担い手であったこと」(山本 2004:312) の背景としては、「法的地位の不安定さや、同じ立場の外国人同士が職場・地域などを通じて出会い、お互いの抱える状況について理解を深める機会が乏しい状況など」(同上) が挙げられる。

以上をみると、MUを議論するうえで、外国人労働者をとりまく社会環境が特有であり、日本人労働者と大いに異なっているという点は看過できないだろう。こうした点をふまえると、〈エスニック・マイノリティ〉がアクターとなるユニオニズムの展開を考えるさいに、前節でみてきた既存の理論から2つの運動障壁の存在が想定される。第一の運動障壁は、オルタナティヴな組合組織であるがゆえの組織的脆弱性であり、第二の運動障壁は、前述したような運動のアクターが〈エスニック・マイノリティ〉であるがゆえの

社会構造上の制約である。

2.1.1　第一の運動障壁：オルタナティヴな組合の組織的脆弱性

　まず、第一の運動障壁としては、オルタナティヴであるということが運動に与える負の影響である。第1章で何度も確認してきたとおり、アメリカ合衆国のばあいにはSMUとは既存の運動組織によって担われており、それは労働組合の「再」活性化や組織内変革というかたちでとらえられていた。つまり、その方向性の新しさから新しい労働運動と表現されながらも、実際には既存の組織が運動の基盤となっている点に着目されたい。その一方で日本のユニオニズムのばあいは、ほとんどのユニオニズム組織では、歴史は浅く、運動における制度化を経験したことがないようなケースが多い。そのうえ、組合員が1000人を超えるような規模のユニオンはほとんど見当たらず、組織的基盤の確立がいまだ未達成の「課題」とされているユニオンが多いのが現状である。本書では、このようにオルタナティヴな組合組織であるがゆえに発生する組織的に脆弱な状況を第一の運動障壁と表現する。ここで留意する必要があるのは、こうした第一の運動障壁はオルタナティヴな組合においてはほとんどどの組織にも共通していえることであり、外国人の労働運動に限定された運動障壁ではないという点である。第一の運動障壁は日本人組合員のみで構成される個人加盟ユニオンにおいても想定され、すべての個人加盟ユニオンが対処する必要のある課題として語られる。

2.1.2　第二の運動障壁：アクターとしての外国人が位置づく社会構造上の制約

　しかしその一方で、MUのばあいには、こうした第一の運動障壁に加えてもう一重の運動障壁が想定される。ここでは運動のアクターが外国人であるということが運動の制約になるという第二の運動障壁に注目していく。ここでまず確認しておかなくてはならないのは、「運動のアクターが外国人であるということ」の意味についてである。ここでいう「外国人であること」とは必ずしも属性そのものが運動障壁の要因であることのみを主張するものではない。ここで強調したいのは、ホスト社会で居住・就労する外国人が位置

づく社会構造上の配置による理由から、日本人労働者とはアクセスできる資源の種類は異なり、相対的に動員できる資源が限られてしまうという事実である。さらに、日本人の非正規労働者層が日本社会のなかで社会的に弱い立場である周辺層として位置づけられるとすれば、外国人労働者はいわば〈二重のマイノリティ〉として位置づけられるといえるのかもしれない。マイノリティ論の知見を借りれば、いわゆる〈マイノリティ〉として社会に位置づく外国人がアクターとなるMUのばあいは、組織的・財政的基盤の脆弱さゆえに限られた運動資源を活用しながら運動を展開せざるを得ないというオルタナティヴな組合特有の運動障壁に加え、日本人が中心となる労働運動と比べて、とりわけホスト社会からの支援を動員しにくく、さらに運動の展開が難しいと推測することは容易であろう。

図2-1は外国人労働者が自律的なアクター[3]としてMUを展開していくうえで想定される社会的な運動資源を (1) 制度的領域／非制度的領域、(2) ホ

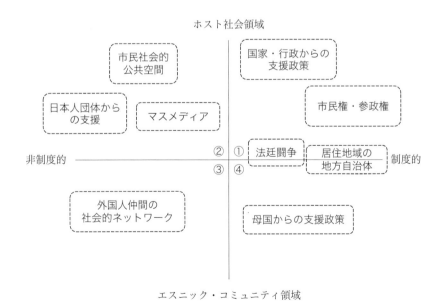

図2-1　多国籍ユニオニズム（MU）に想定される社会構造上の資源
出所：筆者作成。

スト社会領域／エスニック・コミュニティ領域[4]の2つの軸によって分類したものである。

　まず、制度的かつホスト社会領域に存在する運動資源としては、国家レベルあるいは行政レベルからの具体的な支援策、市民権および参政権、法廷闘争、居住地域のなどが挙げられる（第一象限）。次に、ホスト社会領域にありながら非制度的な運動資源としては、日本人がアクターとなる外国人支援団体やNPO団体などである。また、のちの議論でも具体的に取り上げることになるが、市民社会における公共空間（ここでは市民社会的公共空間[5]とよぶ）やマスメディアなども時に運動の展開において重要な資源となりうるだろう（第二象限）。

　さらに、エスニック・コミュニティ領域では非制度的な資源として外国人が埋め込まれている同国人どうしの社会的ネットワーク[6]やエスニック・コミュニティなどを介して得られる資源あるいはそれ自体が資源となるも想定される（第三象限）。最後に、制度的領域かつエスニック・コミュニティ領域については、外国人の母国から支援政策などの外国人政策などが考えられる（第四象限）。ただし、法廷闘争のための権利や居住地域の地方自治体の外国人政策などは、制度的領域の資源として位置づけられるものの、それがホスト社会領域／エスニック・コミュニティ領域のどちらに位置づけられるかという点は状況によって異なる場合が多い。よって、本書ではこれらについては第一象限と第四象限のあいだに配置されると捉える。このように類型化される運動資源をみると、とりわけ、第一象限の現代日本による外国人労働者をとりまく社会政策の手薄さや、市民権の不在や政治参加における困難性における制約がMUの運動に与える影響は大きいといえるだろう。現代の日本社会においては、いまだ外国人労働者にたいして十分な政策がなされているとはいいがたい[7]。とりわけ、外国人参政権も認められていないため、最も大きく政治的回路に運動をつなげられやすくするような重要な運動資源（第一象限）へのアクセスは、十分には期待できないといえよう。こうした法的保護の観点からみれば、日本人労働者と比べて運動のアクターとしては不利な立場であることには違いなく、外国人労働者が〈二重のマイノリティ〉で

あることを決定づける重要な点のひとつであるといえる。

　以上の議論をふまえて、本書では、図2-1のうち第一象限「以外」の動員可能な運動資源に焦点をあてて、事例分析のなかでMUが実際のどの運動資源を動員しようと試み、実際に動員しているのかについて明らかにしていきたい。なかでも、エスニシティ視角からMUの特色を明らかにしようとする本書が注目するのは、MUの運動体によるエスニック・コミュニティ領域の運動資源の活用についてである。その理由としては、アメリカ合衆国のMUの代表とされる移民労働者たちの労働運動の事例においては、ランク・アンド・ファイルレベルの外国人組合員たちが運動組織内に形成する社会、また彼らの職場やエスニシティを背景とした生活・文化によって構成される社会を、資源動員に役立つ重要な領域としてアプローチし、エスニックな社会集団とエスニシティの特色をもつ社会的ネットワークを重要な運動資源として活用していたことが明らかになっている。現代日本のMUのばあいにもこうした方法がとられているのかどうかという点についても、本書では取りあげていきたい。

2.2　動員構造論的視角の導入

　以上の議論から明らかなように、本書の重要な視点は何よりもまず運動の「動員」という側面にある。こうした側面に分析をとおして着目するためには、社会運動論の視点から最も有効な議論が展開できるだろう。

　従来の労働組合研究ではそのほとんどで労使関係に焦点があてられてきたため、労使関係論を基盤とした議論が常に主たる理論を形成してきた。しかし、SMU研究では、実にシンプルな二項対立であった労使関係のみならず、多様なアクターや組合員をも含めた議論のための新たな方法論的刷新が必要不可欠となる。すでに第1章で確認してきたように、これまでのアメリカ合衆国を中心としたSMU研究ではその方法論的刷新にも力が注がれてきた。例えば、SMUのなかでも労働組合の再活性化戦略をめぐる研究では、そのために有効な分析枠組みの確立に向けて、社会運動論と制度理論の双方から検討が重ねられてきた。とりわけ、社会運動論の古典的枠組みは先行研究の

なかで多く援用されている（Turner 2003；Frege and Kelly 2003など）。社会運動論の概念を用いた分析のなかでもとくに援用される傾向の強いものがフレーミング概念である。フレーミングは社会運動における戦略的側面に光を当てた方法であることから、例えばフレーゲとケリーはフレーミング理論を用いることで労働組合の戦略的選択がそれぞれ3つの変数 —— 制度、雇用主と国家戦略、動員構造 —— によって形作られることを明らかにした（Frege and Kelly 2003:19）。他にもロスが集合行為フレームやレパートリーの枠組みを援用し、これまで先行の研究が重要視してきた下からの組織化は依然リーダーがコントロールしている事例が多く、SMUには「参加」は必要条件ではないと結論づけた研究をおこなっている。本書では、こうしたアメリカ合衆国のSMUにおいて確立されてきた分析視角から多くを学びながらも、日本のオルタナティヴな労働組合の運動を最もよく説明するために有効な枠組みの提示をめざす。先述のとおり、日本のユニオニズムはアメリカ合衆国のそれとは異なり、「主流」組合の外で発展し、組織を超えた強固な連帯は形成されるに至っておらず、運動のために用意されうる既存の資源量が乏しいという点である。そこで本書は、個人加盟ユニオンが形成しうる組合組織内外からの運動資源の動員とそのための諸領域へのアプローチが重要であるという立場にたつ。既存の運動組織や社会的なしくみに頼ることができない環境のなかで労働運動を展開するためには、組合組織による諸領域へのはたらきかけとそうしたアプローチによる資源動員構造の確立が必要不可欠であり、さらにその動員構造を持続させることが重要である。

　こうした資源の動員メカニズムをより動態的に描くためには、組合組織内部に構成されるフォーマル／インフォーマルな人間関係やそこで社会的に交換されたり、共有されたりする集合財[8]への着目と、それが動員メカニズムのなかにどのように組み込まれているのかを丁寧に把握することが求められる。そこで本書の事例調査では、役員をはじめとする上層部による運動戦略の見取図を把握するのみにとどまらず、組合組織の末端レベルにまで降り立ち、ランク・アンド・ファイル自身と彼らが必然的にもつエスニック・コミュニティ領域における資源がいかに動員構造のなかに組み込まれるのかを

詳細に描き出せるような方法をとる。さらに以下に示すように、第二の運動障壁へ対応しながら資源動員構造の確立と維持を実現するために (1) 未組織労働者の組織化によるメンバーシップの動員と (2) 加入後の一般組合員による活動参加の促進の2つの段階に動員を分けて着目していく。

　まずここではSMUの特質として最も重要視される「未組織労働者の組織化」の側面に焦点を当て、未組織領域へアプローチするばあいに労働者（組合員）が労働社会内で日常的に形成する社会的ネットワークの焦点を据え、未組織労働者の組織化において、組合員がもつネットワーク資源を組合がいかなる方法で動員するのかというミクロな動員構造を明らかにする。まず、この「組織化」が何をさすのかという概念的把握をしておきたい。SMU研究では、通常は特定の職場における労働問題の勃発をきっかけにメンバーを集めて労働組合を組織するというプロセスが明らかにされ、先行の研究はこの組合の結成あるいは結成する過程のことを「組織化」と表現してきた。しかし、個人加盟ユニオンのばあい、その勃発的な「組織化」がなされた後は、争議の解決とともにメンバーがしだいに減少し、持続的な運動が成り立たないことが多いと指摘される。そこで本書では、ただ単に「組織化」に力点をおいているかどうかという点に留意するのみならず、「組織化」が一旦なされた後にユニオンは周辺労働者をどう動かすことができるのかというより詳細な構造を分析の対象に据えて、一時的な組織化のあとに持続的にメンバーシップを確保するための草の根的な「動員」という意味も含めたミクロな動員構造の解明を試みたい。動員構造とは「公式／非公式的な集合的な媒体のことであり、それを通じて人びとが動員され集合行為に携わるようになる」と定義される（McAdam, McCarthy and Zald 1996: 3）。西城戸（2008）によれば、動員構造は「社会運動が生起するための前提となる組織的な基盤のこと」であり、具体的には成員間の共有感情、コミュニケーション回路、連帯行動への参加経験などを指すという。マッカーシーとザルドによって提起された資源動員論では、「メディア、当局、他の団体との関係、運動組織との相互関係」を「資源」としてとらえたうえでその動員について論じられてきた。その流れをくんだ動員構造論では、「人びと」を動員される対象としてとらえ

表2-1　運動における動員構造の要素

	非運動	運　動
インフォーマル	友だち付き合いのネットワーク 近隣関係 職場のネットワーク	活動家間のネットワーク アフィニティグループ 記憶の共同体（Memory communities）
フォーマル	教会 労働組合 専門機関	社会運動組織（SMOs） プロテスト委員会 社会運動に関わる研究教育機関

出所：McCarthy（1996:145）をもとに筆者作成。

たい。動員構造論では、「本来運動の動員を目的としているわけではないが、そこに動員が生み出されているような、日常生活にあるミクロ動員構造の社会的位置の範囲」（McCarthy 1996: 141）も動員構造の定義に含まれている点が強調される。具体的には、家族単位や友人関係のネットワーク、ボランタリー組織、職場単位などを含んだものである（同上: 141）。**表2-1**はマッカーシーが運動における動員構造の要素を、運動／非運動と公式／非公式の2つの軸に沿って類型化したものである。

　本書の第4章の分析では、この表のうちインフォーマルかつ非運動的な動員構造に着目していくことになる。非運動的でインフォーマルな動員構造に焦点を当てた代表的な研究として、スノーらの研究が挙げられる。彼らは、運動の動員方法について**図2-2**のように分類し、主にインフォーマルな社会的ネットワークを介するミクロな動員構造に着目している。彼らは、動員方法を公的経路（public channel）／私的経路（private channel）と対面型（face to face）／媒介型（mediate）の2つの軸に沿って分類する。本書の事例ではいかなる動員方法が用いられているのかをこの分類にならってみていく。以上のような動員構造論的視角から、本書では組織化が確立した「その後」のメンバーシップ確保という課題も含めた組織化の戦略を検討する。そこで本書が着目するのは、労働組合組織と接合しうる労働者の日常生活および職場生活領域における社会関係である。熊沢は、「労働者にとって、労働組合は仕事の世界における存在であるばかりではない。それはまた余暇における社会関

図2-2 運動の情報の普及、促進、動員におけるアウトリーチと取り組みの分類
出所：Snow, Zurcher and Olson（1980:790）より。

係の基盤であり、リクレーションの場であり、共済機関でもあ」ると主張する（熊沢1976:146）。これまでの労働組合研究では、「運動の舞台として政治が、運動の主役として労働の日常から脱出した人々が専ら注目され」(熊沢1976: 170)、専従のように組合の前線で動く人びとのもつ社会的ネットワークとその機能の重要性が指摘されてきたが、その一方でとくに組合組織の末端レベルにおける労働の日常との接合についての議論は見落とされがちであった。

さらに、先述した「未組織労働者の組織化」と同様にSMUの特質として最も重要視される「ランク・アンド・ファイルの動員」に焦点を据え、ユニオンからいかなる集合財（物質的資源、ネットワーク、情報、集合的アイデンティティ、連帯）が提供され、組合員が獲得しているのかを明らかにし、それがいかにユニオン側から戦略的に供給されているのかを明らかにする。労

働組合の構成員である組合員は、加入し組合費を支払っているかぎり、組合側から何かしらのサービスの提供を期待する。むしろ、サービスの提供がないばあいには組合員であり続けることに疑問を感じるはずである。すでにみてきたように、SMUを担う個人加盟ユニオンに課せられたのは「未組織労働者の組織化」であるが、こうした組織化活動に取り組める前提として一定数の組合員を確保していることが必要である。そのためには、運動組織は組織化に集中するだけではなく、組合員たちにサービスの供給をする必要があり、それが可能になって初めてサービスの提供によって組合員はメンバーであり続け活動にコミットするという交換的な関係が成立する。こうした財の供給とメンバーの活動参加の関連に注目することは組合の戦略研究において重要な課題である。

　個人の運動あるいは活動への参加はその多くが社会運動論者によって説明されてきたといっても過言ではない。1980年代後半から個人の参加メカニズムに焦点が当てられ、例えばマッカダムはフリーダムサマー運動における若者の参加メカニズムを明らかにした（McAdam 1986; McAdam 1988a; McAdam 1988b）。一方、集合行動論的主張と資源動員論的主張の二項対立型配置のなかで中間的立場をとり、双方の理論の融合を目指そうとしたのがクランダーマンズらであった（Klandermans and Oegema 1987）。また、資源動員論に並行してヨーロッパで台頭した「新しい社会運動」論は、集合行動論の系譜を継ぐ理論であり、主に集合的アイデンティティをめぐる議論に研究者の関心が向けられた。集合的アイデンティティについては複数の文脈にもとづく概念が存在しているが、川北（2004）の整理によれば、集合的アイデンティティは「運動内部で醸成されるアイデンティティ」「運動外部で運動の発生条件を示すアイデンティティ」「（運動の主張に共鳴する）個人的なアイデンティティ」の3つのタイプが論じられているという。このうち最初の2つのアイデンティティを動員のための資源としてとらえる議論もある。また、新しい社会運動に関連する議論としてイングルハートによる脱物質主義仮説では、脱物質主義的な価値観によって人びとの政治「参加」のありかたが説明された。ここではこうした研究蓄積をふまえて、組合がメンバーに提供する財を社会運動

論で強調されるような集合的アイデンティティをも含め、より広義に解釈しようとする。

2.3　市民社会へのアプローチへの着目

　最後の議論は、労働組合運動による市民社会へのはたらきかけにかんする議論である。すでにみてきたように、労働組合の再活性化理論においては、組織拡大に向けて「組織化モデル」「サービス・モデル」「パートナーシップ・モデル」として、(1) 未組織労働者へ、(2) 組合員へ、そして (3) 経営者へと3つの対象への戦略的アプローチが提示されていた。本書では基本的にはこうした再活性化理論によって提示される3つのアプローチを参考にしつつも、これらに加えて「市民社会（あるいはホスト社会）」へのはたらきかけにも着目していきたい。すなわち、労働組合が市民社会に向けてアプローチし、運動資源を獲得し、彼らの活動に正当性を付与することである。事例分析の第6章では、ホスト国の市民社会にたいしていかなる方法で組合の活動に正当性を付与するのか ── その戦略を明らかにする。なぜなら、日本のばあいはユニオニズムの運動体が労働運動のメインストリームから離れたところに位置する労働組合であるという性質上、その活動に社会的な意味を付与しながら社会全体のなかに位置づけていく必要があるからだ。とくに本書の事例のばあいには、組織内の同質性が高まるため組織の閉鎖性が懸念される。ここでは、インパクトを与えるような抗議スタイルの採用や外国人労働者だけでなく日本社会全般に通じるような社会的イシュー ── たとえば古くからの日本の労働運動がおこなってきたような反原発や反戦運動 ── を敢えて掲げることによって、組合組織が追求する特定のアイデンティティではなく、ホスト社会と調和的に追求できるようなイシューをとおして「普遍性」「開放性」というイメージの付与への努力に着目していく。

　以上の示した3つの分析枠組みをもとに本書の事例分析における説明図式を描くと**図2-3**のようになる。この説明図式をもとに、第3章以降では具体的な事例分析を展開していく。

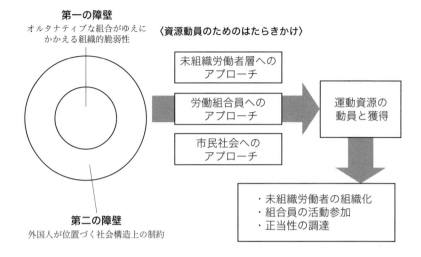

図2-3　本書における分析枠組みの説明図式

3　対象事例の選定と調査方法

3.1　対象事例の有意選定

　以上に示した分析方法に基づいて本書の課題に取り組むため、ここで対象事例の選定をする。まず本書では、現代日本において主流の労働運動の外に位置づきながら、外国人労働者の組織化を志向するオルタナティヴな労働組合運動（すなわちMU）を対象とする。こうしたMUの運動体とされる個人加盟ユニオンが「地域組織援助型」「一般組合転化型」「特定労働者志向型」の3つのタイプに分けられる（遠藤2012）ことはすでにふれたが、ここでは外国人労働者の組織化に特化したユニオンの特徴を分かつような類型を新たに設定する。外国人労働者を組織するユニオンの代表的な事例として、国内では現在、全統一労働組合外国人労働者分会（FWBZ）、全国一般労働組合東京なんぶ（NUGW）、神奈川シティユニオン（KCU）、ユニオンみえ、福岡ゼネラルユニオン（FGU）、ゼネラルユニオン（GU）の6つのユニオンを取り上げることができる。これらのユニオンは表2-2に示したように (1) 南米系単純労

第2章　本書の課題と分析視角　45

表2-2　代表的な多国籍ユニオニズム（MU）の運動組織体の一覧

ユニオン名	ブルーカラー労働者対象		
	全統一労働組合外国人労働者分会（FWBZ）	神奈川シティユニオン（KCU）	ユニオンみえ
事務所所在地	東京都台東区	神奈川県川崎市	三重県津市
設立年月日	1992年4月26日	1984年6月	1958年
外国人の組織化開始年	1992年4月26日	1991年3月	2003年
現在の組合員の国籍	バングラデシュ(41.1%)、パキスタン(20.9%)、インド(13.8%)(2002年現在)	ブラジル、ペルー、フィリピン	フィリピン
組織化対象	製造業、土木建築・解体などの業種に属する外国人労働者	単純労働に従事している資格外就労者とラテンアメリカ日系人労働者	フィリピン人労働者、ブラジル人労働者
外国人春闘への参加	参加	参加	不参加
「移住連」への加盟	「移住連」の結成に参画し、その労働運動部門のサブネットワーク的な機能を果たすようになってきた	加盟	加盟
他のユニオンとの協力関係	なんぶと連携関係あり	GU、なんぶと連携関係あり	なし

ユニオン名	ホワイトカラー労働者対象		
	全国一般労働組合東京なんぶ（NUGW）	ゼネラルユニオン（GU）	福岡ゼネラルユニオン
事務所所在地	東京都東京市新橋	大阪府大阪市	福岡県福岡市
設立年月日	1956年	1991年	
外国人の組織化開始年	1973年12月	1991年	
現在の組合員の国籍	英語圏	米国、英国、オーストラリア、カナダ、ブラジル、フィリピン	米国、英国、オーストラリア、カナダ
組織化対象	移住労働者の組合員はほぼ100%、語学学校教師や新聞記者などの「専門的な知識・技術を有する」在留資格を持った外国人労働者	語学学校教師や教育機関で語学を教授する教員などの「専門的な知識・技術を有する」外国人労働者	語学学校教師や教育機関で語学を教授する教員などの「専門的な知識・技術を有する」外国人労働者
外国人春闘への参加	参加	参加	不参加
「移住連」への加盟	加盟	加盟	なし
他のユニオンとの協力関係	GU、福岡GUと連携関係あり	なんぶ、福岡GU、KCUと連携関係あり	なんぶ、GUと連携関係あり

出所：筆者作成。

働者を中心に組織するユニオンと (2) 英米系専門職を中心に組織するユニオンの大きく2つのタイプに分けることができる[9]。また、6つのユニオン間でも移住連や外国人春闘[10]などへの参加といった公式的な連携からインフォーマルな互助関係などさまざまな形でつながりを形成している。

これらのなかでもとくに先行研究が集中したのは、神奈川シティユニオン (KCU) の事例 (小川 (2000)、小川 (2004)、李 (2006)、Urano and Stewart (2007)など) をはじめとする (1) 単純労働者を中心に組織するMUの事例分析であり、いずれも外国人組織化の可能性の追求を目的としている。しかしその結果、多国籍ユニオニズム (MU) の組織対象は「反復出稼ぎ型」外国人労働者であることが多く、エスニック・コミュニティが成立されにくいため、キーパーソンが労働者から慕われ多数の相談が持ち込まれた」(小川 2004:250)のだが、「相談から解決を経て組合に残る者は少ない」(同上) という現場レベルでの課題が浮き彫りになった。小川論文をはじめとした先行研究では、コミュニティに根付いていない「反復出稼ぎ型」の外国人労働者をユニオンが救うことには限界があるという結論が主流であった。以上に示したように、労働争議の成果は評価される一方、外国人労働者の組織化をめぐってはネガティヴな結論が多く報告される結果となった。

ここでひとつの事例として「ユニオンみえ」を取り上げてみよう。ユニオンみえは、名称に「ユニオン」とついていることから個人加盟ユニオンのひとつに分類される。しかし、もともとは1958年に一般合同労働組合として結成され、その後1995年にコミュニティ・ユニオン全国ネットワークに加入し、個別の労働相談を通じて個人単位で加盟する労働者が増えるようになった。1999年には現在の名称になり、2003年には全国ユニオンに加入した。このように組合の名称の変更過程をたどると、ユニオンみえが一般組合から社会のニーズに応じて個人加盟ユニオンに形態を転化させてきた様子がわかるだろう。古い歴史をもつものの、長年にわたって日本人の非正規雇用者を中心に取り組んできたため、移住労働者の組織化を本格的に開始したのは最近のことであり、移住労働者の運動は発展途上段階の組合である。具体的には2002年頃から外国人の個人加入が少しずつ増え始め、ブラジル国籍、フィリピン

国籍、フランス国籍の労働者およそ15人が加入した。その翌年には解雇され
た6人の日系ブラジル人が加入し、そこから文字どおり芋づる式におよそ50
人の日系ブラジル人が加入し、交流会なども開催され、組織化が進んでいく。
この2003年は通訳のできる日系ブラジル人のメンバーがスタッフとして重要
な存在となり、委員長によると「外国人労働者の組織化に大きな弾みのつい
た年」であったという。移住労働者の流動性の問題については、国に帰って
いる期間は組合費の支払い免除やカムバック[11]を認めるなどして対応してき
た。その一方、組織化に力は入れてきたものの委員長いわく「組合としては
かなりのコストがかかるため、向こうに何か問題が起きた時にしか対応でき
ていないし、ニューズレターの発行などもできていない」のが現状であると
いい、担い手不足の問題――とくにひとりの通訳の存在に頼るところが大き
く、通訳が組合をやめてしまうとダメージが大きいという状態であった。ま
たそれに加え、2008年のリーマンショックにより多くの移住労働者が帰国し
たことが大きく影響した。2009年には再び通訳スタッフを中心に製鋼会社で
の80人ほど組織化をおこなう。さらに2011年6月にシャープ系工場ではたら
くフィリピン国籍の労働者数人が「アパート問題」をきっかけに相談にやっ
てきたことから、「まず100人を目標に仲間を集めよう」という目標のもと、
毎週説明会に次々に人を集め、6月7日から1カ月ほどで100人に到達した。彼
らは親戚などが多く、同じコミュニティに所属しており、そのような家族
ネットワークを通じてユニオンみえを知り、説明会に参加するパターンが多
いという。「フィリピン人は組織性がある。地域内に親戚も多く、教会に集
まる習慣もある[12]」ことが200人を動員できた要因のひとつではないだろう
か。2011年8月には、300人の規模で「ピノイユニティ」を結成し、組合を公
然化した。こうして立ち上がったピノイユニティの運動の特徴は、組織され
たメンバーの職場の環境改善などの要求が中心であり、職場単位の活動に徹
するスタイルである点である。組織化のさいに掲げたイシューはアパート強
制移住の問題であり、これについては制度的手段により要求をとおしていき、
一時帰国にさいする退職扱いの条件や職場でのパワハラなどの改善などの成
果がみられた。また、およそ20人は組合員であることを公然化しているが、

それ以外のメンバーは組合員であることを非公然としている点も特筆したい点である。このことから、ユニオンのメンバーであることの恐れと不安の存在が組合活動へのコミットメントを妨げている可能性も示唆される。職住接近であり、工業地域のなかにコミュニティと職場が両方存在することを利用して組織化を進めるタイプであり、特定の地域・企業に特化した運動を中心に展開している。外部とのネットワーク形成などに関しては、委員長の日本人活動家のもつ資源に依存している側面が大きい。さらに200人ほどの組合員が依然「非公然」であるため、多くの組合員が依然「支援される側」として位置づけられ、組織化に力点をおきながらも、組合員にサービスを提供することが活動のメインに位置付けられているといえるだろう。ユニオンみえの事例についても外国人アクターについては受動的な参加が観察された。

　一方で、専門職外国人を中心に組織するユニオンへの研究的関心はこれまでほとんど皆無であったといってよい。理由はいくつか考えられるが、おそらく「外国人労働者＝外国人単純労働者」「外国人労働の問題＝外国人単純労働者の問題」というステレオタイプにもとづいた事例の選定がなされてきたのだろうと筆者は予測する。しかし、さまざまなタイプの外国人労働者たちのなかでも連帯を社会的に表出し、その運動を持続させるしくみを整えることができたのは、これまで注目されていた製造業に従事する外国人単純労働者たちの運動ではなく、語学産業で就労する外国人講師による労働運動（(2) タイプ）であった。この労働運動の中心に位置づくのは、大阪を拠点に関西地方全域で外国人語学講師の組織化を進めている個人加盟ユニオン「ゼネラルユニオン」(以下GU) である。GUは外国人組合員が全体の9割以上を占めるうえに、役員のほとんどが外国籍である「能動的参加型」のめずらしいユニオンである。GUは、1991年の結成以来、民間語学学校の欧米系外国人講師を中心に組織しながら[13]規模を拡大させ、およそ20年間も活動を続けている。結成からの10年間は、英会話教室で働く欧米系の外国人講師を中心に組織していたが、しだいに中学・高等学校、大学や小学校の外国語指導助手（ALTs[14]）として働く講師へと対象を拡大した。彼らの多くは、専門的・技術的分野の資格をもつ高度人材として位置づけられ、そのなかでも「人文

知識・国際業務」の在留資格保有者であることが多い。日本では1990年代に、企業の海外進出によるビジネス界での語学のニーズの高まりや海外旅行なども含めた国際的なヒトの移動が盛んになり、英会話ブームが到来した。ブーム以降、多くの語学学校は「ホンモノの英会話」を売りにするため、海外採用で講師をリクルートしてきた。しかし、企業に採用され日本に移住する外国人講師のほとんどは有期雇用であり、経営悪化による給与遅配や未払いなどの問題、理不尽な理由による突然の解雇などの雇用トラブルが頻繁に発生する。2007年以降立て続けに起こった大手語学学校の経営破たんはその端的な例といえる。また、入職時に社会保険に加入する権利のあることや契約にかんする具体的な事柄について経営側からの説明が不十分であったり、被雇用者側が誤解して解釈したりといった言語コミュニケーションが原因のトラブルも多い。このように、ホワイトカラーの高度人材である一方で、外国人で非正規雇用者であり、不安定な雇用環境のなかにいるという彼らの特殊な状況は、GUが存在することの前提的背景としてとらえられる。GUはしだいにメンバーを増やし、支部を結成しながら活動の範囲を広げていったが、これまでで最も大きな成果を挙げたのは、2007年以降に立て続けに発生した大手語学学校の経営破たんのときである。とくにその口火を切った2007年のPL4社[15]の経営破たんは、戦後最大ともいわれる債権者数を記録し、社会現象となった。とくに全国で900以上の店舗を展開し、約48万人もの生徒を抱えていたPL4社の突然の破綻は、「消費者問題」として多くのマスメディアに取り上げられた一方、破たんがおよそ5000人もの外国人講師たちに及ぼした影響にも注目が集まった。働く場、さらには生活する場すら失った多くの講師たちはやむを得ず帰国という選択をしたが、日本にとどまり、自分たちの権利を主張するために現状と向き合い、立ち上がる講師たちも少なくなかった。このような状況のなかでGUが中心となって外国人講師たちの抗議運動が繰り広げられ、このことがGUを周囲に認知させる重要なきっかけとなった。

　では、なぜこうした語学学校講師たちの労働争議は興隆をみせたのだろうか。本書ではGUを対象として選定し、この問いを明らかにしていく。その

表2-3 外国人の組織化に成功した2つの事例の比較

	①ユニオンみえ	②ゼネラルユニオン（GU）
組合のタイプ	一般組合転化型／ 受動的参加型	特定労働者志向型／ 能動的参加型
設立母体	一般組合	なし
外国人の組織化開始年	2002年〜	1991年〜
外国人組合員	いくつかの分会で組織（それ以外の分会は日本人を組織）	全体で組織
委員長	日本人	日本人
外国人役員	2、3名おり、通訳がメイン	執行委員の9割以上を占める
外国人の組織化のタイプ	労働問題の勃発から一斉に組織化	ゆるやかに組織化
外国人組合員の公然化	300人のうち20人以外は非公然	ほとんどが公然化
外国人組合員の特徴	職住接近により、工業地域において居住地域と職場のコミュニティが交差している	都市に居住していることに加え転職が多いため、生活は流動的である

出所：筆者作成。

最も決定的な理由を簡潔にまとめると、GUが運動を展開することが決して容易ではない状況（むしろ不利な状況ともいえる）に置かれているにもかかわらず、なぜか他の組合と比べて組織体制が整っており、運動も持続的に展開されている希少な成功事例として位置づけられるからである。

まず、GUが他の組合と比べていかに不利な立場であるかは以下の2点にまとめられる。第一に、外国籍の組合員の比率の高さである。外国人の組織化に取り組むその他の代表的な組合は本章のなかですでに紹介したが、その多くは外国人組合員を組織するものの組合全体においては日本人組合員の比率の方が高くなっている。筆者の知る限りではGUほど外国籍の組合員の占める割合が高い組合は見当たらない。外国籍組合員の多さが運動の展開に不利である理由としては、まずメンバーシップの流動性が高いことが挙げられる。GUの組合員の多くが都市部に居住[16]する外国籍であり、彼らの大部分は日本に来たあと多くの転職を経験する傾向がある。彼らの流動性の高さの特徴がこの転職の多さと深く関連している。これまで転職[17]を経験した組合

員は回答者全体の78.8%を占め、平均転職回数は4.77回であった[18]。ここで端的な例として、GU組合員（アメリカ人、30代男性）の転職過程をみてみよう。彼は日本に移住直後に大阪に住み、大手英会話学校でテレビを通じて英語を教える職に就いた。しかし、彼はその仕事をわずか半年で辞職した。なぜならその仕事の給料は割に合わないうえに、見ず知らずの2人の講師と一緒の部屋に住むことを会社から強制され、ルームメイトとの関係が悪化したからである。その後、新しい仕事を求めて名古屋近郊に転居する。そこでの新しい仕事は個人経営塾の英語クラスを担当することであった。しかし、この仕事も経営者とのトラブル[19]が原因で就職からわずか9ヶ月後に辞めることになった。その後はさらに小規模の英会話教室で働くが、この仕事もわずか4ヶ月で辞めることになる。その後も彼は小学校の外国語指導助手（ALTs）やインターナショナルスクールの英会話講師、ビジネス向けの英会話スクールなど職場を転々としている。彼のような頻繁な転職はGUの組合員には珍しいことではない。とくに小さな語学教室などで働くばあいは、常にトラブルや雇用の不安定性がつきまとう。この事例からもわかるとおり、こうした転職は彼らの生活拠点の移転にもつながる。彼らが特定の地域や職場に根差さない流動的な都市的生活を送っていることは、GUにとってメンバーシップを安定的に確保するうえでデメリットとなるばあいも多い。第二に、組合の設立母体がないことである。法政大学大原社会問題研究所（2010）の個人加盟ユニオンへの質問紙調査結果では、組合の設立母体があると回答した組合は全体の77.6%であり、具体的にはナショナルセンターの地方組織が母体となっている組合が多いことが示される一方、GUでは組合が一から立ち上がってきた経緯がある。

　次に、GUの組織体制が整っており、さらに運動も持続的に展開されている点を説明しよう。第一に外国人を組織してきた歴史の長さである。法政大学大原社会問題研究所（2010）の結果では、1995年以降に設立された組合が全体の73.3%、さらに2000年以降に設立された組合が全体の5割近いである一方、GUは設立母体がないにもかかわらず1991年にはすでに設立されていたため、相対的に古い歴史をもっているといえる。第二に、職場分会数の多

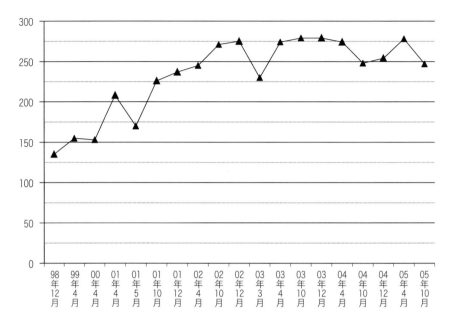

図2-4 組合員数の推移
出所:組合内総会資料をもとに筆者作成。

さである。同じく法政大学大原社会問題研究所 (2010) の結果によれば、回答した組合の75.8%が5つの分会以下である一方、GUは20〜30にもなる職場支部を形成しそれぞれが活動を展開している。第三に、メンバーシップ (組合員数) の多さである。法政大学大原社会問題研究所 (2010) の結果によると回答した組合のうち56.6%が現在の組合員数が100人未満と回答している一方、GUはそれの少なくとも3倍以上の組合員を組織することに成功している (**図2-4**を参照) [20]。

　以上に示した点をふまえると、GUがいかなる手法を用いて運動を支える資源を豊富に調達しながら20年以上の発展を遂げてきたのかを突き止めることは、本書で設定された課題に取り組むうえで有効な示唆を与えてくれるだろう。ただし、本書で明らかになること ── つまりGUのとる戦略の解明 ── の知見は多国籍ユニオンに限定されたものであることを明記しておきたい。すなわち、本書の事例はありとあらゆる社会的属性をもつさまざまな人

第2章　本書の課題と分析視角　53

びとによる連帯の可能性を探るものには及ばない。本書は外国人労働者の連帯をめぐる実現可能なモデルの理論化をめざすものであるが、日本の労働組合再活性化論の発展に貢献しようとするものである。

3.2　データ収集の方法

本書の課題を遂行するには、組合組織の様相や上層の動きだけでなく末端レベルにおけるランク・アンド・ファイルの動きの深部まで徹底的に把握することのできる参与観察法調査によるアプローチが最も適切であるといえる。そこで本書では事例分析に用いるデータの大部分を、2009年12月から2014年7月現在までおよそ4年半にわたる筆者による組合員としての参与観察法から得られたものに依拠する。また、それを補うかたちでGUの中心的メンバーおよび一般組合員へのフォーマル・インタビューおよびインフォーマル・インタビュー、さらにGU執行委員会による著書や機関誌といった刊行物などの二次資料、ニューズレター、総会時に配布された資料、PL1支部会議で配布されたレジュメ、ビラ、組合加入書、GUの活動を取り上げた当時の新聞記事などの一次資料もデータとして扱う。また、筆者が2010年9月に実施した『第1回GU組合員の活動にかんする調査』[21]および2013年3月に実施した『第2回GU組合員の活動にかんする調査』[22]から得られた量的データを用いる。

また筆者は、GUの特色を抽出するために、2012年に補完的にユニオンみえを対象とした質的調査も実施している。質的データは、委員長への聞き取り調査の記録、一般組合員への聞き取り調査の記録、団体交渉への参与観察時のフィールドノーツ、さらに機関誌、新聞記事、写真などの一次資料収集などから得ている。

〔注〕

1　本書の事例で用いる「戦略」とは、主に（組合の）「組織戦略」のことを示している。「組織戦略」とは労働組合論において頻繁に使われてきた概念だが、ここでは社会運動論の視点からみた運動組織の戦略の意味に近い意味で用いる。その

さいに、本書では、樋口による住民運動の事例分析での定義にならい、「組織戦略」を「ある特定の問題を解決するための組織の対応様式」（樋口 1999:499）と定義して用いることにする。

2　代表的な研究としては熊沢（1976）、熊沢（2013）など。

3　ここで「自律的」とは「支援」という形態だけではなく、外国人労働者たち自身が運動の担い手として目的をもって何かしらの活動を継続しておこない、運動が成果を上げることに貢献している状態のことをさす。

4　本書では、運動資源が外国人労働者の移住先の社会側（ここでは日本人を中心に構成される団体や社会集団など）を中心に調達される場合は「ホスト社会領域」、外国人労働者の出身国側を中心に調達される場合は「エスニック・コミュニティ領域」とする。

5　ここでいう市民社会的公共空間とは、（多国籍ユニオニズム（MU）の担い手からみる）市民社会（つまり、ホスト社会）のなかにおいて、労働運動が市民とつながりうるための媒介手段としてのメディアや公共空間のことをさしている。こうしたメディアや公共空間は、社会運動においてしばしば運動の「資源」として動員されることが明らかにされているため、多国籍ユニオニズム（MU）の事例においても同様な資源が想定される。

6　ただしインフォーマルなものに限る。

7　もちろん、すでに知られているように、たとえば「外国人集住都市会議」などによる自治体レベルにおける外国人のための政策は展開されつつある。

8　本書では、集合財の定義についてオルソンの定義に依拠したい。すなわち、ここでは、「たとえn人から成る集団Xのどの個人Xlがそれを消費しても、当該集団内の他者が利用できなくなることのないような財」（オルソン 1983:13）と定義する。

9　この2タイプについては小川（2000）を参照した。

10　「移住労働者のけんり春闘」として毎年3月に開催されている。「マーチ・イン・マーチ」というデモ行進も恒例行事である。

11　カムバックとは、いったん組合を脱退して組合員であることをやめた後に、なんらかの理由で再度加入し組合員になることである。個人加盟ユニオンでは、フリーライダー問題の観点から、こうしたカムバックを認めていない組合や、条件きで再加入を認めている組合が多い。

12　2012年2月に実施したユニオンみえ委員長への聞き取り調査より。

13　GUの組合員のおよそ9割が外国人であり、（かなり変動的ではあるが）そのうちの8〜9割ほどが民間語学学校および教育機関ではたらく英会話講師である。組織対象を講師以外に拡大しはじめる2007年ごろまでは、こうした同業種の労働者が集まっているため、GUはしばしば自らを「大学非正規と民間語学産別唯一のクラフトユニオン（職業別あるいは産業別組合）」として位置づけることがあった。しかし、2007年ごろからは組織対象の範囲を南米系単純労働者層などへも拡げていき、現在も語学産業を中心に組織しているものの、幅広い層の労働者を受

け入れようとしているため、クラフトユニオンとしての位置づけは薄れているようである。

14 Assistant Language Teacher の略称。

15 PLはPrivate Language（Industry）（民間語学学校）を略して示したものである。PL4社は、第6章で詳述するが、大手語学学校のひとつである。

16 「東京都には「専門・技術・管理職」といった職種が多く、出身地域も欧米諸国からの者が比較的多い。外国企業や多国籍企業の日本支社勤務、新聞・報道関係の日本駐在員、語学学校の教員などといった職種の者が首都である東京に集まっている」（大黒 2006:95）。東京都だけでなく、大阪・名古屋・福岡といった大都市圏にはこうした「専門・技術・管理職」の職種に携わる外国人が多く居住している傾向がみられる。

17 外国人組合員のばあいは日本に移住後の転職を指す。

18 筆者が2013年に実施した組合員向けの質問紙調査の結果より。

19 彼によると、当時の塾の経営者は彼のレッスンの最中に教室に入り、彼の生徒の前で彼のレッスンの仕方がいかに間違っているのかについて大きな声で説教を始めたという。

20 1998年以前および2006年以降の組合員数のデータは総会資料に掲載されておらず、正しい数値は計上できない。最近の組合員数は非公表とされているためデータの掲載はできないが、図2-4から推測できるとおり右肩上がりを続けている。また、組合員数は該当月に組合費を納めている者のみを計算している。

21 有効回収票75（有効回収率はおよそ24.2%）であった。本調査を2010年度調査と表記する。

22 有効回収票123（有効回収率はおよそ35.9%）であった。本調査を2013年度調査と表記する。

第3章
GUの組織構造、組合員、組織形成の過程

1 問題の所在

　具体的な事例分析の最初の章となる本章では、GUの組織形成や運動の展開、さらに現在のGUの組織構造や組合員の特徴についての特色をおさえることを目的とする。すでに第2章で確認したように、GUは日本のMUのなかでもきわめて先駆的な事例であると同時に、組織の成り立ちや組合員の構成には独特の社会的背景をもつ。したがって、GUは単に「外国人労働者の組織化に成功したユニオン」の一事例とするだけではとらえきれない特殊な事例として位置づける必要があり、その組織構造、組合員、組織形成の過程のすべてにおいて詳細な把握を必要とする。また、以降の第4章から第6章において検証される資源動員における諸領域へのアプローチが、なぜGUの運動文化として根付いたのかという点についてエスニシティ視角をとおして明らかにするうえでも、組合員の社会的属性や組織構造への着目は欠かせない。とりわけ、組合員の社会的プロフィールについて、移住のプロセス、学歴の高さ、欧米系国出身、専門職性などの点において一定程度の同質性がみられることもGUの特色のひとつである。本章の構成は以下のとおりである。まず、組織の形成過程や結成から現在にいたるまでの運動の展開過程を追い（第2節）、現在のGUの組織構造の特徴を把握し（第3節）、組合員の特徴をとらえたうえで（第4節）、第4節で確認した組合員全体の特徴をふまえたうえで、とくに運動の中心にコミットしているコアメンバーの特徴を、ある組合員のライフヒストリーをとおして抽出したい（第5節）。

2 GUによる組織形成過程と運動展開の変遷[1]

まず、ここではGUの結成当時から歴史をさかのぼり、組織の形成過程と運動の展開過程についてまとめておこう[2]。

2.1 「1インチずつ進むため」のたたかい

1991年2月に大阪全労協の結成と同時に日本人労働運動活動家A氏によってGU結成の提起がなされた。A氏はかつて総評の専従であったが、正社員・日本人のみを組合員対象とする日本の企業内主義の労働組合の典型である連合[3]に多くの問題をみていた。その後、総評が連合に入ることに反対したA氏は総評を去り、1989年にフリーのオルグとなった。その間に彼は韓国から来たアジアスワニーの争議団に関わり、ドイツ統一時にヨーロッパに滞在しさまざまな労働組合を視察することによって、外国人労働者運動について学んだ[4]。帰国後、連合とも労連[5]とも異なる第3のナショナルセンターとして結成された全労協で、新しいユニオンの結成に向けて模索を始め、新しいユニオンを、階級的協働と国際連帯の意味をこめた「ゼネラルユニオン」と名付けた。そして、オランダ滞在時に知り合った運動家を介して出会った、イギリス人労働運動家のB氏と彼の妻である日本人Q氏をはじめ、全労協の仲間も含めたメンバーとともに準備討論を経て、1991年6月12日にGU結成総会が開かれ、正式に結成された。その結成総会にて、A氏が委員長となり、結成総会に参加した14人の組合員が全員執行委員になることが決定された。

こうして結成されたGUでは、まず、既成の労働組合が切り捨てきた「臨職公務員・外国人・パートなど」にアプローチをかけることの実践から始まった。Q氏によると、当初は日本人労働者の個別相談にひとつずつ応じていくことから取り組んでいたため、相談者の業種や労働条件、要求もバラバラであり、組合員をまとめていくことが難しかったという[6]。しかし、そのなかでも反響が大きかったのは、「国籍を問わない」ことと「外国語で相談を受ける」ことであった[7]。結成当初、外国人組合員はイギリス人のB氏1人のみであり、通訳の体制も整っているわけではなかったが、1997年にA氏が

『社会運動のための和英辞典』を出版するなどして対応した。そのように
GUでの活動が徐々に進められる一方で、外国人組合員のB氏が勤めていた2
つの英会話学校でも、労働問題がすでにGU結成以前から起こっていた。Q
氏は、GUをとおして英会話学校の労働問題に対応しているうちに、いかに
杜撰な運営をする英会話学校の現実を知ることになったという[8]。そしてそ
の後、これをひとつのきっかけとしてGUは語学学校に勤務する外国人講師
の組織化を展開していくことになったのだ[9]。

　こうしてGUは結成からまもなくは民間語学教室学校の組織化を始めたが、
当時外国人がまとまって労働組合に加入している例がなかったため、結成の
翌年には語学教師の組織である全国一般東京なんぶと合同集会をおこない、
その後も一般東京なんぶからノウハウを学ぶことになった[10]。英会話講師向
けのリーフレットを作成し、「英会話労働者の集い[11]」を催すなどして、さ
まざまな学校で新しいメンバーをリクルートしていった。その反響はあった
ものの、最初は日本人の役員が当事者と通訳しながら労働相談や団体交渉を
し、外国人の組合員は労働問題がおこるとGUに加入し、解決すると帰国す
るということの繰り返しでなかなかメンバーが定着しなかった[12]。B氏は当
時の状況を「この組合の初期には、誰も自分たちが何者であるかわからな
かったし、たった1インチ前に進むために闘わなければならなかった[13]」と
表現している。

　しかしその後、GUは支部の結成に力を入れつつ、活動を続けた。最初の
支部は1992年にSC1大学で組織され、続いてGU史上で「最初の大きな闘い
相手[14]」とされる英会話講師の派遣会社PL5社の支部結成がなされた。PL5
社支部の結成には、組合員のひとりの職場ネットワークに頼った組合員のリ
クルート活動と労働問題の勃発が引き金となった[15]。しかし、労働問題の解
決はGUにとっての終わり、また職場の仲間にとっての終わりではなかった。

　　「この出来事で数人の新しい教師たちに組合の必要性を理解させる結果
　　となった。組合を始めた当初の数人の教師は、ほかの教師たちに声をか
　　け、小さなミーティングを持った。さらに数人の教師も参加の決心をし

ていた。悪いことに中間管理職が気づいて、組合を作ろうとしている人物を社内のミーティングに呼び出し、おどかしたが、彼は断固として引き下がらなかった。それだけでなく、逆に、マネージャーにさえも組合への参加を勧めた。そのミーティングの結果、中間管理職の1人は内密に組合と接触することに合意、また1人は組合への参加を決心し、また1人は組合を黙認することになった。さらに多くの組合ミーティングが内密で開かれるようになり、事実上、全てのフルタイム教師が組合に参加[16]することに同意した[17]。」

　このように、問題解決をきっかけとして組合員は積極的に職場内の仲間をGUへの参加を呼びかけ、職場内のGUにたいする認識が大きく変わった。そして組合支部の設立を宣言し、1993年5月28日にPL5社に要求を出し、闘いは始まった。PL5社支部結成には、職場内のGUにたいする反発と職場仲間の共鳴が大きく影響した結果であったといえる。さらに、このPL5社との争議は、GUがマスコミで報道される最初のきっかけとなった。1993年8月2日に全労協全国大会で決議された様子はNHKで報道され、8月24日からの大規模なストライキは、当時外国人労働者がおこなうストライキはひじょうにめずらしい出来事であったためにマスメディアからの注目を集めた。当時のGUの姿をB氏は「その時、私たちは自分たちの事務所さえもなく、教育合同労組の事務所の一部を間借りして活動している始末だった。」と表現している。N氏は、このPL5社との闘いのインパクトについて、「GUはこの争議を通じて大きな経験を積んだだけでなく、その後の組織の規模と外国人労働者をサポートする力を拡大した。」と評価している。

2.2　メンバーシップの定着とユニオンバスターとの継続的なたたかい

　そしてこのような争議を経て活動を続けていると、いつからか、労働問題の解決後、GUのレギュラーメンバーになり、ボランティアで相談を受ける側になっていく例が急増したという。1993年11月にはGUの日本人組合員50人、外国人組合員は90人にも増えた。この頃から、外国人組合員が主体とな

る組合の基盤が形成されていった[18]。ただし、こうした基盤が徐々に形成されながらも、まだ安定的な運動の継続を確実にすることは難しい状況であった。外国人組合員が主体であっても中心的に活動する組合員は数人であり、組合組織の規模としては小さかった。4.5でライフヒストリーを紹介するイギリス人のG氏は、最初にGUに来たときに相当な絶望を経験したと話してくれた。G氏が生まれ育った70年代のイギリスでみてきた労働組合は全国組織レベルであり、G氏は労働組合にたいして「何百も何千もの組合員がいる」イメージを持っていたため、GUはイギリスの組合とはとても比べられず、とても奇妙[19]だったという[20]。

　組合員でない者にとってGUに加入し、具体的なアクションを起こすことは容易なことではなかった。GUの運動がひろがりを見せてきたころ、経営側はGUを警戒してさまざまな手段で従業員のGUへの加入を妨げようとした[21]。このような妨害がPL5社にのみ限ったことではなかった。PL5社支部結成の翌年に設立されたPL6支部においても、経営側はGUへの参加に圧力をかけた。PL6社の経営は1991年頃から悪くなり、1993年には一部の校舎の支部が結成された。経営側はGUを警戒し、従業員にユニオンに加入しないよう促していた[22]。しかし、他の校舎での条件がさらに悪化したため、遂に1997年夏に28人の組合員によってPL6社全校の支部を内密に立ち上げた。PL6支部のO氏は、当時の状況を次のように語っている。

　　「すぐに組合つぶしが始まった。中傷やいじめのほか、別の部屋に連れて行かれ、泣くまで怒鳴り散らされるスタッフもいた。そのような状態が2,3ヶ月続き、このまま組合がつぶされてしまうのではないかと心配になった。そして遂に日本人スタッフの中のリーダーが、組合つぶしのために転属させられた[23]。」「会社側は警察に通報しつづけたり、会社が躍起になって起こしたと思われる変な出来事が何度か起こった。186回のストライキの後、遂に私は1999年1月20日解雇された[24]。」

こうした組合つぶしは、組合員の不安感と恐怖心を仰いだ。GUの組合員

であることが時に解雇につながるなど、最終的に職を失うという危険性がともなうことは、さまざまな支部結成のなかで事実としてあったのだ[25]。GUの名が広がり、まわりからのGUへの理解もみられるようになった現在においても、いまだにGUにたいする噂は存在している。GUが長い間闘い続け、今ではお互いの関係も良好といえるPLl社でさえも、職場内では「GUの組合員ということが分かるとオファーが減る」という噂が流れているという[26]。そのため、GUの中心的なメンバーでさえ、職場でGUの組合員であることを公言していない者もいる。2010年度調査の自由回答欄にも、自分の職場名を漏らさないでほしいとの要求が何度も何度も書き込まれている票もみられ、現在においても組合員の不安がぬぐい去られていないことが分かる。しかし、一方最近では、使用者のGUへの評価が高くなるのにともない、「雇い止めやコマ数削減をさせないため、加盟を先に通告してほしい」などの要望も増えている。

　以上に述べたような活動の展開を経て、GUは約20年間で現在のPLI（Private Language Industry）セクターを確立してきた。しかし、GUはPLIセクターと並行して、中学・高等学校、大学などの教育機関の講師のためのSAC（School and College）セクターの組織化にも徐々に力を入れてきた。SACセクターにとって最初の支部は1992年SCl大学に結成されたのだが、それ以降の大学での支部結成は2000年に入ってしだいにおこなわれてきた状況である。A氏によると、「PLIでの闘いはようやく一段落し、SACの組織化はこれからの課題」という。現在は、とくに小学校英語教育プログラムの導入によって増加している外国語指導助手（ALTs）にたいする業務委託問題などを取り上げることによって、従来の中学・高校・大学の講師という射程範囲を拡大し、外国語指導助手（ALTs）をも含めた組織化をすすめている。

2.3　南米系／東南アジア系労働者の組織化

　また、GUの「現在」を特徴づける重要な点は、GUが欧米系外国人講師「以外」に組織対象を拡げてきたことである。現在、GUでは新たな領域であるIAC[27]セクターが開拓されつつあり、南米系労働者の組織化が取り組ま

第3章　GUの組織構造、組合員、組織形成の過程　63

れている。これまでのGUでは歴史的にみると、日系南米人や東南アジア系労働者などにたいしては個別の相談として応じてきた事例はいくつもあったが、主にはすでに確認してきたように、欧米系の語学講師を中心の組織化を中心にすすめてきた。これまで結成された支部もそのほとんどがPLIセクター下の民間語学産業支部やSACセクター下の教育機関関連の支部であった。そのどのセクター、支部にも属さないメンバーは一般支部に配属されていた。しかし、2008年6月に転機が訪れる。多国籍ユニオンネットワーク[28]でGUとも連携がなされている他の個人加盟ユニオンの紹介で、ブラジル国籍の労働者が4名GUに加入した。そのうちの一人がすでに神奈川シティユニオン（KCU）の組合員であり、彼が関東から関西に転居したあと、大阪の新しい職場で発生した労働問題にたいして、KCUが地理的な問題のためGUを紹介したということから始まった。ことばの壁はあったが、GUの役員をつとめる数少ない日本人組合員の一人であるE氏が南米諸国に留学経験があり、スペイン語を話すことができたことからポルトガル語とスペイン語で意思疎通を図りながら、相談に応じていったという。その後、そのうちの一人がもつ職場のインフォーマルなネットワークによって、南米系労働者のリクルートがおこなわれた。「その4人のうちの一人が労働組合に興味があって、問題を解決した後も組合に自分の友達連れてくるようになった。そこから南米の労働者が来るようになったんですよ。彼は後に南米支部の支部長になった[29]。」こうして2009年5月に南米支部が結成され、GUが提示するフレーミングも南米労働者へと広がりを見せ、それにともなって南米労働者向けのビラも作成してきた。多言語の相談にはE氏が応じ、現在では日系ブラジル人、ペルー人、フィリピン人らの対応を担当している。2008年に4人から始まった南米支部は、現在では50〜60人を組織する規模にまで発展している。2010年におこなわれた2回の総会にも南米支部所属の組合員が参加しており、英語と日本語でおこなわれていた総会にもポルトガル語が加わり、通訳し合いながら進行している様子がGUの新たな姿として表出されていた[30]。「現在、私たちは基盤をどっしりと据え、大きな闘いにも個人の事例にたいしても、時には闘わずして勝てるようになった[31]。」GUを見守り続けた唯一の外国人組

合員であるB氏のこの発言には、GUの成果そのものの意味が込められる。「闘わずにして勝てる」── これは労使が対立するばかりでなく、労使間の連携をも可能する関係性にまで踏み込むことに成功したGUの姿を表している。かつては小さな企業でさえも、立ち向かうのに多大な力を必要としたGUが「闘わずして勝てる」という位置に立っているという事実はGUが築き上げてきた成果の象徴ともいえる。

　しかし、こうして20年以上もの歴史を築き上げながら力をつけてきた現在のGUでさえも、抱える課題は少なくない。GUの問題点として役員たちが何よりも重要視しているのは、(1) 組織自体の規模が小さいことと (2) 組合員のほとんどが外国人男性組合員であるということ、さらに (3) 組織拡大のためのリクルーターが数人に依存している[32]ことの3点である。一方、フリーライダー問題についてはあまり深刻にとらえていないように見受けられた[33]。

3　GUの現在：組織の特徴

3.1　フィールドノーツをとおしてみるGUのルーティーン化された光景

　まずGUの組織構造を確認する前に、筆者が参与観察法調査をとおしてみてきた、GUのルーティーン化されている日常的な光景の一コマをここに簡単に記しておきたい。筆者が調査のために何度も足を運んだのは、大阪にあるGU本部のオフィスである。大阪の天満橋駅から5分ほど歩いてたどり着く古いビルの二階にある小さな一室が事務所になっている[34]。

　事務所のドアを開ける前から電話の鳴る音や電話に応対する声、何かを印刷するガチャガチャというコピー機の音、勢いよく飛び交うさまざまなアクセントの英語や笑い声などがドア越しに聞こえてくる。こぢんまりとした室内に入ると、部屋はホワイトボードで仕切られており、手前には郵送物の発送準備などをおこなう作業用の大きめのテーブルと来客用の小さめのテーブルが置かれている。月に一度執行委員会 (GUEC[35]) の会議が開かれるときはこの作業用の大型のテーブルに椅子を寄せ集めておこなわれる。部屋の奥

第3章　GUの組織構造、組合員、組織形成の過程　65

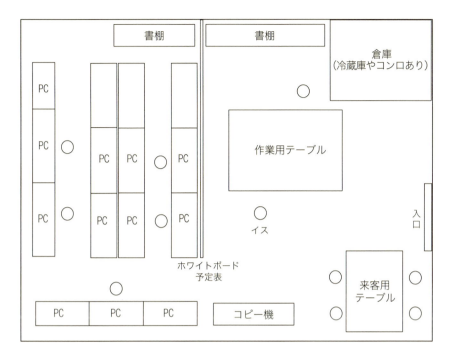

図3-1　大阪事務所の間取り
出所：フィールドノーツをもとに筆者作成。

には数台のパソコンが置かれているデスクが並び、スタッフがパソコンに向かって忙しそうに作業をしている。メールを送信したり、書類を作成したり、ビラのレイアウトを考えたり、ホームページを更新したり、ニューズレターを作成したりと、デスクでおこなう作業の内容は多岐にわたる。デスクに向かう彼らはとても集中している様子で、筆者が調査中に遠慮なく質問を投げかけていると「あと1分だけ待ってくれ！」と言われることも度々あった。年に2回開かれるAnnual Meeting[36] （AGM）のあとには、作業用のテーブルに宅配ピザとドリンクが何十人分も並べられて交流会が開かれ、部屋は動くスペースもないほどの組合員で埋め尽くされてとても賑やかになるが、こうした時間でさえ、パーティーが開かれている仕切りの向こうのデスクでは、酎ハイとピザを片手に作業に取りかかるスタッフもいるほどである。

部屋を仕切っている壁にかかるホワイトボードには予定表の枠があり、「団交」「支部会議」「Deadline」「弁護士」「労基署」「労働委員会」「セミナー集会」「裁判」「Study Meeting」などと書かれたマグネットがいくつも整列する。予定表をみると、1日の予定欄にいくつものマグネットが並べられており、配列されたマグネットの数から活動の活発さと組合員たちの忙しさがうかがえる。

　一方、こうしたGUの組合活動で忙しい日々を送っている組合員は、GUすべてのメンバーシップのなかでほんの一握りのスタッフたちに限られる。支部会議への参加や、ニューズレター発送作業のボランティア、個別の相談などのために事務所にやってくる一般組合員も多くいるが、上記のようにGU活動に忙しくしているスタッフたちは互いに多くの時間をオフィスで過ごしている。ただし、PLIセクターに属する民間語学学校で働くスタッフらは、たいていのばあいは夕方から夜にかけてレッスンがあるため昼間に事務所に通っており、一方SACセクターに属する学校で働くスタッフたちは、朝から夕方まで授業があるために夜から事務所にやってくることが多い。彼らはGUの活動をするだけでなく、一緒に食事をしたり、コンビニまでふらふらと飲み物を買いにいったりするなかで、互いに他愛もない会話を交わしたり、近況を報告し合ったりもする。たとえば、「○○のところに無事に赤ちゃんが生まれたそうだから、皆でお祝いを用意しようか。」などといった会話は普段の組合活動のなかでよく聞かれる。ここで重要なのは、彼らにとって組合活動は日常生活のなかでルーティーン化されており、スタッフたちの重要な日常の一部となっていることである。

　一方、上述した年に2回のAnnual General Meeting（AGM）では、100人を超える一般組合員たちが集結する。AGMが開かれるのは事務所ではなく、事務所から天満橋の川沿いを10分ほど歩いたところにある「エルおおさか[37]」である。ここで広めの会議室をあらかじめ借りておくことで、毎回100人ほどの組合員が集結することができ、組合の役員選挙とたいてい複数の議題にたいして何時間にもわたり議論がなされる。AGMに参加してきて筆者が毎回驚くのは、こうしてAGMに集結する一般組合員たちそれぞれが異様なまでにも「連帯」感を持っているように見受けられることである。AGMでは、

最初に議長が選出され、そのあとは配られた総会資料の冊子に書かれたプログラムどおりに、順番にスタッフが活動報告をおこなっていくのが通常である。しかし、こうした流れに沿いながらも、常にフロアは活発な雰囲気をもっており、フロアからは話者にたいして明確な反応が返されている。大きな拍手が起こったり、組合員を鼓舞するような掛け声がかかったり、時にはブーイングや"Non sense!"といった批判の声も容赦なくあがる。細かい規約改正の提案などについても、いったん議論が始まるとなかなか終わらない。フロアからさまざまな意見が次々に出され、それにたいして皆が大きくリアクションしながら、徐々に方向性が決まっていく。こうした組合文化は組合員のなかで広まり、毎年のAGMにおいて共有され、ルーティーン化されているといえるだろう。

3.2 組織構造[38]

図3-2はGUの組織構造を示した図である。GUは委員長をトップに、2名の副委員長、書記長、会計、10名前後の執行委員の順に役員が配置されている。こうした役員については4月のAnnal General Meeting（AGM）で実施され

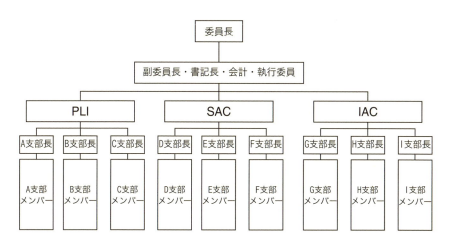

図3-2　GUの組織構造モデル
出所：参与観察をもとに筆者が作成。

る役員選挙[39]によって組合員が選出される。GU設立当初から2014年現在にいたるまで継続して日本人活動家のA氏が委員長を務めている一方、副委員長、書記長、執行委員についてはそのほとんどが外国人組合員によって担われている[40]。その下にはセクターがSAC[41]（School and Collage）セクター、PLI[42]（Private Language Industry）セクター、IAC[43]（Industrial and Commercial）セクターの3つ[44]設置されており、セクターごとにセクター長[45]が配置されている。また、各セクターの下には企業単位、学校単位、地域単位でいくつもの支部が結成されている。支部ごとにも支部長が配置されており、GUでは相対的にみて支部単位に活動をすることが多いといえる[46]。

3.3　財政的基盤の弱さとコスト削減への努力

　GUでは収入のほとんどが組合員によって毎月支払われる組合費や争議などから発生する解決金（カンパ）である。その他にも、GUが活動するうえで形成しているネットワークでつながっている他の労働組合が事務所付近で活動をする必要が生じたばあいに限って事務所の部屋を貸すことで家賃としてかろうじて資金の一部にしている[47]。複数の職場で生計を立てている組合員も少なくないという現状[48]はあるが、組合員の多くが毎月平均25万円以上の収入を得ている。したがって、組合費は月3000円を納める組合員が多い[49]。

　しかし、組合費の徴収はGUにとって簡単ではない。GUでは、G氏がGU全体の会計を務めているが、支部ごとにもそれぞれ会計が設置されており、支部ごとに組合費納入の状況が把握されている。たとえば、第4章で取り上げるPLI支部など労使関係が安定していて協定を結ぶことができている支部においては、組合費のチェック・オフ制度[50]を導入することで組合費の徴収はほぼ確実におこなうことができるが、その一方でチェック・オフ制度のない職場で働く組合員たちからの徴収は難しい。支払い方法についてはさまざまであり、銀行口座への振り込み、口座からの自動引き落とし、会計への手渡しなどから自由に選択できるが、何ヵ月も滞納する組合員も少なくない。組合費の滞納者へはGUから自動的に請求メールが配信されるが、各支部の会計も大阪の事務所から滞納者リストを受け取ると滞納者に電話やメールな

どで組合費の支払いを促している。こうした努力にもかかわらず、組合費の徴収率はきわめて不安定である。

このように、重要な収入源である組合費の徴収率が安定的でないという状況もあってか、GUで活動をおこなう組合員たちはコスト削減のためにさまざまな工夫を凝らしている。たとえば、数年前までは遠方にいる執行委員もGUECの会議のために月一回は大阪に出張しなくてはならず、そのための交通費を組合活動費としてGUが支払ってきた。しかし、最近ではスカイプ[51]を利用した会議を積極的に実践しており、遠方に居住する組合員とも簡単に会議がすることを可能にしている。また2、3年前から、GUでは固定電話とは別に事務所用に携帯電話が用意された。これは事務所と組合員が互いに電話で連絡を取るさい、事務所と組合員が同じ携帯電話会社の電話を持っていれば電話代がかからずに済むからである。こうした細やかな工夫も、GUの財政的基盤を確保するためにはひじょうに重要なことなのである。

4　GUの現在：組合員の特徴

次に、組合員の特徴についてみていきたい。ただし、GUの組合員の特徴を説明する前に言及しておかなくてはならない点がある。すでに述べたようにGUの組合員の多くは英語圏の国籍をもつ外国人語学講師であるが、GUは組織対象を限定しているわけではない。GUには筆者のような日本人組合員もいれば、既に確認したように、サービス業に従事する南米系単純労働者を組織する南米支部も結成されている。したがって、GUを専門職だけを組織しているユニオンと位置づけることは誤りである。しかしながら、GUが意識的にターゲットとしてきた組織対象は明らかに外国人語学講師であり、GUの闘いの歴史においても語学産業にまつわる争議が多くを占めてきた。よって、語学講師をとりまく状況がGUによる運動の成果を決定づける要因の背景として存在することは考慮する必要があり、本書でもこうした側面を重視するスタンスをとりたい。では、さっそく組合員の特徴についてみていこう。ここでは2010年度および2013年度調査の結果をもとにその傾向を明ら

かにしていく。

4.1 社会的属性の特徴

4.1.1 ジェンダーとジェネレーションの差異からみた特徴

　まずは、組合員の性別や年代からみた特徴をみてみよう。ジェンダー比率については、2013年度調査から男性が77.9%（N=95）と女性の3倍以上を占めているという結果が得られた。執行委員以上の役員のメンバーもほぼ男性が占めており、GUのなかでも、数年前にある争議でリーダーシップを発揮してきたフィリピン人女性のGU組合員に注目が集まり、それ以降徐々に女性組合員による活動参加の必要性がたびたび言われてきている。2013年の定期総会ではK氏[52]が「GUには女性の活動参加がもっと必要」と発言しており[53]、当年では女性組合員からの発言が例年よりも目立っていたように見受けられた。

　一方、年代別にみても若干の偏りがみられる。同調査では40歳代が37.4%（N=46）と最も多い結果となった。1993年からGUに携わってきたG氏はインタビューのなかでGUの問題点としてスタッフの高齢化を挙げている。2010年におこなったインタビュー当時にG氏は45歳であり、書記長を務めるD氏も同じく45歳、当時副委員長を務めていたB氏[54]は50歳、委員長もA氏が63か64歳、同様にGUの中心メンバーであるR氏も40歳であった。G氏はこうしたスタッフの高齢化を危惧しており、「私たちがこの20年間をやってきたが、次の20年を担う人たちが必要。」と心配する。この問題には高齢化という課題だけでなく、スタッフの固定化・重複化というテーマも重なっているといえる。委員長はもちろんのこと、副委員長、書記長、会計などの役員も多少の交代やローテーションはみられるものの、そのメンバーシップは一定程度の固定化・重複化がみられる。こうした固定化は、じきに世代交代の問題に直結するだろう。ただし、一般組合員たちはこうしたスタッフたちに多大な信頼を寄せていることから、同じメンバーがGUの中心にい続けることをあまり悲観的にみていないという現状もある[55]。

4.1.2 国籍の特徴

　次に組合員の出身国についてみていこう。最も多いのはアメリカ合衆国出身者で33%（N=40）、続いてイギリス出身者が20.7%（N=25）、オーストラリア出身者は13.2%（N=16）である。2013年度調査の結果から得られた出身国比は母集団のそれとほぼ同様の傾向を示しているととらえられるが、執行委員などなんらかのGUの役員に就きながらアクティブに活動に参加しているスタッフ内の構成比とは同様でない。副委員長兼PLIセクター長のC氏とSACセクターにおいて重要な役割を担っている書記長のD氏はオーストラリア国籍であり、GU結成当時から初の外国人組合員として副委員長などを務めてきたB氏と1996年からGUに加入し、会計を何年も務めてきたG氏がイギリス国籍であることが示すように、GUにおいて数年間の間継続して活動にコミットし、GUの中核にいるメンバーたちにはオーストラリア人とイギリス人が占める割合が多いという点は言及しておきたい特徴である。こうした点は、オーストラリアでは労働組合を「善」とする教育がなされているために一般市民の労働組合にたいする理解が高いことや、イギリスの唯一のナショナルセンターであるTUC[56]（イギリス労働組合会議）が最も古い歴史をもつという社会的背景と決して無縁ではないだろう。一方、SMUの成功によって労働組合研究者の注目を集めたアメリカは、GU組合員のおよそ3割をアメリカ人が占めているにもかかわらず、GUの中心的な役割を継続的に担うほど組合と深く関わりをもつアメリカ人組合員は相対的にみると決して多くはないといえる。筆者が組合スタッフと交わした会話のなかでは「アメリカ人であまり熱心な組合員はいないよ。」と笑いながら話す光景もみられた[57]。アメリカ人であっても、例えば、アメリカ人組合員でSACセクターの中心にいる人物はGUに加入した理由を「NYCのユニオン・シティ出身だから[58]」と説明している。このように出身国からみる組合員の特徴は、組合活動への積極性に多少の影響がみられるといえる。また、組合員たちの基本的な社会属性にかんしてはひじょうに同質性が高いことがうかがえよう。

4.1.3 学歴の高さ

最終学歴は大学卒業が最も多く47.2%（N=58）、つづいて大学院卒業が39.8%（N=49）と多かった。これは、組合員の多くが語学講師であり、語学講師が採用のさいに求められる学歴が大学卒業以上であることが多いためであると解釈できる。

4.2 アジアへの関心と冒険としての移住

では、こうした属性をもつ組合員たちはいかなるバックグラウンドをもち、いかなるルートをとおして日本に移住してきたのだろうか。2013年度調査の結果によると、来日した理由（表3-1）について回答者の半数以上が「その他」と回答している。自由回答欄に書き込まれた回答[59]を整理してみると、「その他」に回答したほとんどがいわゆる「出稼ぎ」を目的として日本に移住し就労するのではなく、また母国での収入よりも「より多くの収入を得るため」と回答した者は一人もいなかった[60]。自由回答欄の記述から明らかになるのは、彼らは経済的生活の上昇よりも、「冒険」、「休暇」、「新しい体験」を求めて日本に移住してきたということである。2010年度調査では、来日した理由について「日本の文化に触れるため」と回答した組合員（N=22）が最も多かった。これまで筆者が聞き取りや会話のやりとりをしてきた多くの組合員たちも、そのほとんどが日本の伝統文化やサブカルチャー、日本語などへの興味関心をもち、こうした日本への興味を最初のきっかけとして日本にやってきていた。そしてさらに、その多くは日本に渡ってきた時点では日本に移住するつもりがなかった組合員や、こうして組合に加入している現在も

表3-1　外国人組合員の日本への移住理由（N=123）

仕事を見つけるため	27.5%
家族の都合で	15.6%
より多くの収入を得るため	0.0%
より自分らしく働くため	6.4%
その他	50.5%

第3章　GUの組織構造、組合員、組織形成の過程　73

将来的に日本に住み続けるかを決めていない組合員が多い。2010年度調査の
結果においても、日本への滞在予定期間を問う項目において未定と回答した
組合員が最も多かった（N=65）。

　しかし、その一方で彼らの多くは日本に移住する前にすでに母国で移住後
の職を決めてから移住する。比較的企業規模の大きい語学学校では、外国人
語学講師の採用募集はそのほとんどが彼らの母国で海外支社をとおしておこ
なわれるからである。彼らの多くは、移住して仕事に就くことだけが目的で
なく、異文化経験や便利な日本都市での生活などを目的としてフレキシブル
に移住する若年層であり、語学学校はそのような彼らのニーズを戦略的に利
用してリクルートをおこなう。たとえば、以下に示すのは大手語学学校PL1
社の海外支社のホームページの宣伝文句[61]である。

　　*"If you are looking for a career move, …are interested in a cultural experience;
　　Japan has something for you. …You can take advantage of the country's excellent
　　transport system …you could explore the ancient shrines and temples…"*

　ここで強調されているのは、日本での文化的体験、日本が誇る交通機関、
歴史ある神社や寺など、日本の文化的側面であった。彼らのなかには、母国
で非正規労働者としてサービス業に従事していた者も多い。2010年3月に筆
者が実施したPL1社外国人従業員向けの質問紙調査によると、回答者の母国
での職業は、ホテルの受付やレストランのウェイター、キッチンアシスタン
ト、秘書や本屋のレジ打ちなどであった。母国語を話すという属性的条件以
外に特定のスキルやキャリアも必要とせず、若さを活かすことのできる仕事
に就きながら異文化経験もできる日本への移住という選択は、彼らにとって
合理的であるといえるだろう。PL1社の外国人英会話講師は「（日本では）母
国語が話せるだけで『先生』と呼ばれるしお金がもらえる[62]。」と満足そう
に語っていた。

4.3　日本での社会生活

つづいて、組合員たちの日本での社会生活についてみてみよう。調査をとおして明らかになったのは、組合員の多くが、ホスト国である日本において複数の社会のなかに埋め込まれ、さまざまな社会的な役割を担って生活していることである。こうした個人の社会生活の豊かさについて測るとき、当然本書であれば「GUに所属している」(＝すでに特定の集団に所属している) 個人という若干のバイアスがあることは否めない。したがって、こうした結果が外国人すべてにあてはまるとは考えづらいのだが、GUの組合員に限っては、とくにのちに示すような同職種の専門職を中心に構成する学会などへの参加にも積極的である傾向が強い。

4.3.1　家族構成

まず、社会生活において重要な位置を占める家族の構成について確認していこう。2010年度調査の結果では、単身が最も多く (N=28)、つづいて配偶者と子ども (N=21)、配偶者のみ (N=16) の順であった。こうした結果からGUの組合員像として若い単身世帯をイメージしやすいが、サンプル数の制限があり、母集団における回答の比率とはやや異なる可能性がある。参与観察法調査をとおして筆者が出会った組合員の多くは家族をもっているように見受けられた。一方、家族生活の満足度については、61.1% (N=44) の回答者が「満足している」あるいは「やや満足している」と回答していた。アイデンティティについてたずねる項目についても、「家族の一員として」のアイデンティティを1番に回答した組合員が全体の23% (N=17)、2番として回答した組合員が45.9% (N=34) であり、家族への帰属意識が高いことがうかがえる。

4.3.2　社会参加

次に社会参加についてみていきたい。2010年度調査の結果からは、親睦団体 (N=15) に参加している組合員が最も多く、つづいて自治会 (N=11)、ボ

ランティア団体（N=9）、NPO/NGO団体（N=8）、企業関連団体（N=3）の順に多かった。たとえば、東海支部に所属する組合員L氏は長年、欧米系の外国人たちだけで結成し、活動を続ける劇団に所属している。組合員の多くは、外国人コミュニティとして形成される親睦団体に所属していることが多く、日常的な情報もそこで交換されることが多い。また、第5章で詳述するが、GUはホームページなどをとおして組合員が所属する親睦団体にかんする情報を組合員に提供している。

4.4 不安定なホワイトカラーと労働生活

次は、組合員たちの労働生活について把握していこう。まずは、組合員の重視する働きかたをみてみよう。図3-3の結果によると、「高い収入を得ること」を重要であると回答した割合（37.6%）と比べ、「自分らしく働くこと」（49.2%）、「仕事はほどほどにして、家庭生活や余暇を楽しむこと」（42.7%）を重要であると回答した割合の方が10ポイント前後高くなっている。こうした

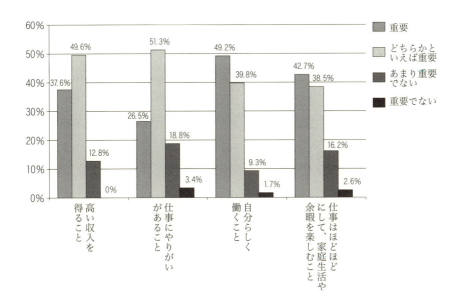

図3-3 組合員の重視する働きかた（N=123）

結果から、組合員の労働志向に脱物質主義的傾向がみられるといえる。

　彼らの多くは、専門的・技術的分野の資格をもつ高度人材として位置づけられ、そのなかでも「人文知識・国際業務」の在留資格保有者であることが多い。**図3-4**は就労を目的とする在留資格別外国人登録者数の推移を示している。これによると、さまざまな在留資格のなかでも彼らが属する「人文知識・国際業務」は最も保有者数が多いことが分かる。日本では90年代に、企業の海外進出によるビジネス界での語学のニーズの高まりや海外旅行なども含めた国際的なヒトの移動が盛んになり、英会話ブームが到来した。ブーム以降、多くの語学学校は「ホンモノの英会話」を売りにするため、海外採用

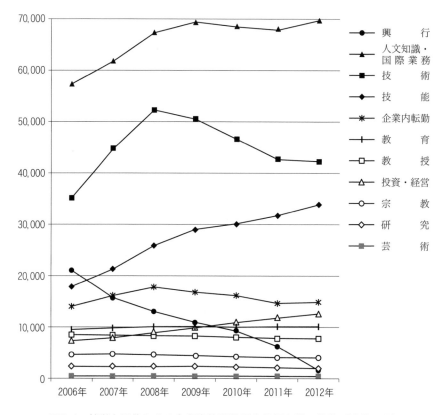

図3-4　就労を目的とする在留資格別外国人登録者数の推移（単位＝人）
出所：入国管理局「登録外国人統計」2006年～2012年にもとづき筆者作成。

で講師をリクルートしてきた。

　在留資格を保有した外国人は政策的に受け入れを優遇されているため、彼らの労働問題にはあまり研究的関心が向けられていないが、とりわけ語学産業に従事する専門職外国人のほとんどは有期雇用であり、経営悪化による給与遅配や未払いなどの問題、理不尽な理由による突然の解雇などの雇用トラブルが頻繁に発生する。**図3-5**は東京都の外国人労働相談件数の産業別に比率でみたものである。

　全体の相談件数比率と比べて、外国人ではとくに「製造業」と「教育・学習支援業」においてその比率が高くなっていることがわかるだろう。2007年以降立て続けに起こった大手語学学校の経営破たんはこうした問題の端的な例といえる。また、日本人従業員と外国人従業員で退職条件が違うなどの差別問題[63]がある。単純労働者か専門職労働者かの境界線はじつは賃金で決められており、基本給が25万円を超えると専門職と位置づけられる[64]が、GUが組織してきた外国人の専門職労働者のなかには、「同じ書類だから」と言われて、言われるがままに異なる2枚の契約書類にサインをさせられたケースもある。彼らは「日本では専門職の基本給は日本人も外国人も25万円」と

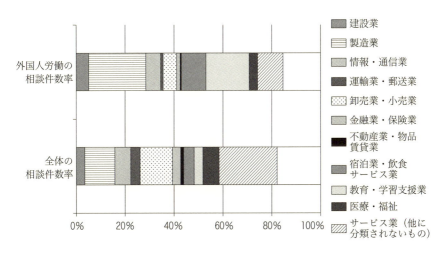

図3-5　東京都の外国人労働相談件数
出所：作地（2009）にもとづき筆者作成。

いうことを知らず、15万円で契約させられ、契約書の1枚目には「15万円」、2枚目には「25万円」と書かれていることに気づかないのである[65]。こうした二重契約詐欺は語学産業界では多発している。

　また、語学学校講師のみならず、小学校あるいは中学校の外国語指導助手（ALTs）の労働問題についても、2007年前後から多くのケースでGUを中心に労働争議が展開されている。ALTsの問題で最も重要なのは、GUが独自に調査をおこなって明らかになった「偽装請負」のケースの増加である[66]。外国語助手は教育委員会に雇用されてきたケースであっても、しだいに語学業者からの派遣に切り替えられていくケースが増加しており、それがさらに「請負」にもシフトしている。GUは外国人組合員から「英会話学校に就職したのに勤務先が学校だ」といった相談が増えていることに気づき、こうした問題にたいして2007年に大阪府内43市町村の教育委員会に調査を実施した。その結果、43の教育委員会のうち、23の教育委員会が、請負契約にもかかわらず学校側の指揮下で仕事をさせており、「偽装請負」の疑いがあることが明らかにされた。こうした23の教育委員会では、英会話学校10社と請負契約が結ばれており、外国人186人が小学校、中学校、高等学校の助手として送りこまれていた。こうした業務委託は教育現場に不自然な状況を生み出し、外国人労働者を混乱させ、彼らの働きづらい環境を作りかねない。その顕著な事例としては、こうした業務委託が「偽装請負」にならないために、外国語助手は日本人教員と授業中に会話をすることが許されないといったケースである[67]。「授業中に口ははさめない」あるいは「レッスンプランの打ち合わせはできない」など、明らかに不自然な教育現場および外国人にとっての職場が生み出されてしまっている。

　さらには、入職時に社会保険に加入する権利のあることや契約にかんする具体的な事柄について経営側からの説明が不十分であったり、被雇用者側が誤解して解釈したりといった言語コミュニケーションが原因のトラブルも多い。とくに社会保険未加入の問題についてはのちに詳述していくことになるが、社会保険など労働者としての権利をめぐる問題については、外国人労働者たちが日本の雇用のルールを何も知らないことを利用して、経営者側が都

合のいい解釈をし、ごまかすケースが多い。2005年には、外国語学校が外国人講師の多くを社会保険に加入させずに保険料逃れをしている疑いがある件について、社会保険庁によって外国語学校を運営する企業のおよそ750社すべての立ち入り調査が実施された。この調査から、たとえば大手語学学校のPL7社では、外国人講師1200人のうち、希望した100人以外は未加入であることがわかった[68]。

　また、言語の問題から外国人労働者と経営側の日本人がコミュニケーションをうまく取れておらず、そのことが原因で労働トラブルにつながるばあいも多い。筆者が同行した団体交渉[69]の事例にも、事実確認ですら外国人組合員側と経営者側のあいだで解釈の相違が多くみられる。こうしたばあいは、いわゆる「言った言わない」という点がトラブルの中心的な争点になってしまうことも多い。

　このように、ホワイトカラーの高度人材である一方で、外国人で非正規雇用者であり、不安定な雇用環境のなかにいるという彼らの特殊な状況は、GUが存在することの前提的背景としてとらえられよう。

4.5　コアメンバーのライフヒストリー

　以上にみてきたGUの構成員全体の特徴をふまえたうえで、そのなかでもとくに活動にコミットしているコアメンバーにしぼって、彼らの特色をみていきたい。ここではその典型的なケースとして、G氏の事例を取り上げてみたい。G氏はふっくらとした親しみやすい赤ら顔でいつもにこにこ笑いかけてくれる、少しなまりがかったブリティッシュアクセントが印象的なイギリス出身の44歳[70]の男性である。現在は大阪府内の私立高等学校で英語教師として働いている。日本に20年以上も暮らしており、筆者がたどたどしい英語で話しかけると、知っている日本語で話そうとしてくれる優しいスタッフだ。GUでは長い間会計を務めており、多くの時間をGUの事務所で過ごしている。

4.5.1　労働組合とのかかわり

　もともと労働者階級の出自であり、G氏の知人はそのほとんどが労働組合に携わっていたといっても過言ではないというほどで労働組合は彼にとってはとても身近な存在であったことが、G氏が現在GUのスタッフをしている背景の一つにある。また、G氏によると彼が1970年代に育ったというバックグラウンドはG氏の現在に重要な影響を与えている。オイルショックの頃は、テレビのニュースで労働組合が大規模な闘いを繰り広げており、製造業や製鋼労働者など多くの労働者がバトルする様子が映し出されていた。G氏はこうしたニュースをとおして「労働組合は正しいことをする」という認識をもつようになっていった[71]。その後大学に入ってからは、学生組合（Students' Union）[72]の活動に深くコミットメントしており、大学時代は組合の前線で活躍する日々を過ごしてきた。また、高校生の頃から日本にやってくるまで労働党にも入っており、政治的関心も強かったことがうかがえる。大学を卒業してから日本にやってくるまでの間、G氏はイギリスのある広告会社に勤め、営業の仕事を担当していた。その広告会社が社員にたいして悪質な対応をとっていたことが、またさらにG氏の労働組合にたいする関心をより強固なものにしていった。驚いたことにG氏の勤めていた会社は労働組合に入ってはいけないというポリシーを堂々と掲げていたのだった。この広告会社にはジャーナリストとセールスマンの2種類の職種があり、ジャーナリストにはジャーナリスト用の労働組合があったが、セールスマンには労働組合がなかった。G氏は営業を担当するセールスマンだったが、シークレット・メンバーとして内密に労働組合に入り、活動していたという。

4.5.2　東アジアへの興味による冒険としての渡日

　その後G氏が日本に来ることになったのは、大学時代から東アジアにひじょうに興味があったということが最大の理由である。大学では東アジア研究を専攻しており、韓国、中国、日本など東アジア諸国の歴史や文化に興味をもっていた。大学時代には2年間の交換留学で中国に行った経験もあるほどだった。こうした東アジアへの興味から、JETプログラム[73]を通じて日本

に来る機会を得た。G氏は最初に日本にやってきたときは長期にわたる移住は考えていなかった。日本に来てしばらくの間は山口県萩市に住み、最初のうちは1年間だけ日本にいるつもりでいたが「もう1年、もう1年」と文字どおりズルズルと住み続けてしまったという。G氏は「バッグ2つでやってきて、ついに今では日本に大きな家まで持っているよ。」と笑いながら話す。日本で暮らし続けることへの抵抗はあまりなく、ホスト社会での生活において想定されるトラブルについては深く考えていないようで、「どこに住んでいてもトラブルはあるし、『外国人だから』という理由でのトラブルだとは考えないようにしている。嫌だったらとっくに帰っているさ（笑）」とあまり悲観的にとらえていないように見受けられる。17年前に家を購入し、10年前に永住権の獲得もかなえている。しかしその一方、将来的に落ち着く場所はまだ定めていないようであり、「リタイアしたら日本にいるかはわからないけれども、少なくとも働いている間は日本にいる」と曖昧さとフレキシブルさを重視した生活を送っている様子が見受けられた。山口県在住のころは教育委員会に雇われてティーチングアシスタントとして働いていた。その後は大阪に移りPL4社で働くが、その後PL4社を辞めてしばらくは東大阪市の高校に勤め、現在働いている2つの私立高校にやってきた。

4.5.3　GUとの出会い

　G氏がGUを知るようになったのは大阪に来てからであった。GUを知ったのはGU初の外国人組合員であるB氏を介してであった。実はG氏はイギリスでも運動家として活動をしていたB氏と日本に来る前にすでに知り合っていたのだった。G氏は1993年に大阪に来るとすぐにGUに加入した。1993年時点ではGUはまだ今よりもずっと規模が小さく、イギリスの労働組合のように大規模な組織を想像して加入したG氏は、当時とても驚いたようであった[74]。その2年後の1995年にN氏がGUの書記長（general secretary）に就任したさい、N氏がGU内でボランティアを募るようになったため、G氏は週1日[75]のペースでボランティアとしてGUの事務所に来るようになった。学校の仕事が終わったあと、夜に事務所に来て、メールを送ったり、相談の電話に

82

応答したりしたという。GUに加入してからG氏の私生活にも多少の変化が起きた。GUに加入する前は、夜から友達と飲みに行ったり遊びに行ったりする時間が多かったが、とくに1997年以降は週に4、5日は事務所にボランティアに来るようになり、仲間たちと集まる時間よりもGU関連の付き合いの方が増えていった。

　ここではG氏のライフヒストリーを簡潔にみてきた。G氏のライフヒストリーから浮かび上がるポイントは、労働組合にまつわるバックグラウンド、大学での経験、東アジアへの興味による渡日など、2013年度調査の結果から抽出できる組合員の特徴に共通するものであったといえよう。

　以上に記してきたように、GUでは多くの外国人組合員によって支えられ、活動のルーティーン化と独自の組合文化の形成を繰り返すことで、GUは組織的基盤をより強化にしてきた。

〔注〕

1　本節の記述は、GUの歴史的事実の記述であるため、同ユニオンを対象とした筆者の学位論文（2011年に名古屋大学大学院環境学研究科に提出した修士論文）の一部に若干の修正を加えたものになる。さらに上述のウェザーズ（2012）の記述も参照しながらまとめられている。

2　ウェザーズ（2012）は、GUの歴史には「1990年代の英会話学校の闘いの時代」と「企業との比較的安定した関係を構築した2000年代」の2つの時代があると指摘している。筆者もこれについて異論はなく、こうした2つの時代区分を意識して記述していく。

3　日本労働組合総連合会のこと。

4　2010年12月20日のフィールドノーツより引用した。

5　全国労働組合総連合のこと。

6　ゼネラルユニオン,2002,『ゼネラルユニオンの10年』Q氏執筆部分を参照した。

7　ゼネラルユニオン,2002,『ゼネラルユニオンの10年』A氏執筆部分を参照した。

8　ゼネラルユニオン,2002,『ゼネラルユニオンの10年』Q氏執筆部分を参照した。

9　Q氏は「英会話業界は、まさに労働問題の宝庫（!?）、英会話学校で働く外国人労働者を組織できる可能性大、と私たちは考え、英会話学校をターゲットにキャンペーンを張ることにしました」とふりかえる（Q氏の手記より抜粋）。

10　ゼネラルユニオン,2002,『ゼネラルユニオンの10年』におけるA氏執筆部分を参照した。

11　1992年3月23日にGU主催でおこなわれ、60名が参加した。その様子はマスメ

第3章　GUの組織構造、組合員、組織形成の過程　83

ディア各紙で報道された。

12　ゼネラルユニオン,2002,『ゼネラルユニオンの10年』Q氏執筆部分を参照した。

13　B氏の手記より抜粋。

14　ゼネラルユニオン,2002,『ゼネラルユニオンの10年』B氏による表現を引用した。

15　当時のPL5社の職場メンバーの状況についてN氏は次のように記している。「PL5社大阪に組合の支部を作り始めた当時は、（GUは）まだ小さな組織にすぎなかった。そのなかでGUの定例会に参加していた1人は、PL5社で働き始めたばかりだった。彼自身、組合について何が出来るかを知っていて、数ヶ月後、彼は同僚にPL5社における労働条件やユニオンのことについて話しはじめた。教師らの最初の反応としては、懐疑的であったり、恐れを抱くものもいた。この当時、東京から赴任した新しいPL5社の支社長は、突然、1人のパートタイム教師の勤務時間のカットを決定した。後、その教師は組合に参加し、私たちは解決に持ち込むことができた」。

16　最終的に25人の講師全員が支部に加わった。

17　N氏の手記より抜粋。

18　N氏は手記のなかで「組合が本当に広がりはじめ、今日の姿にまで拡大したのは、組織化、支部づくり、組合事務所の運営などを外国人組合員自らが行うようになってからです」と記している。

19　G氏は"strange"という言葉で表現していた。

20　2010年9月13日の聞き取り調査より。

21　これを「組合つぶし」といい、GU組合員は一般的に"union basters"と呼んでいる。

22　O氏によれば、彼らは「いつも会社から『いかにたくさんの問題を組合が引き起こしているか』という悪い噂を聞かされていた」という。

23　O氏の手記より抜粋。

24　O氏の手記より抜粋。

25　組合員の手記からは「ある支部リーダーの妻は教育委員会に呼びつけられ、「組合は危険だ」と忠告された。その結果、彼は支部リーダーをやめた。」「組合がストライキを実行するかどうか投票を行った時、私は賛成に投票した。しかし、ストライキをする最初の朝、私は解雇され、日本を追い出されるのではないかと思うと怖くなった。」などといった記述もみられた。

26　委員長A氏の長女であり、PL1社の日本人スタッフでもあるM氏の発言を引用した。

27　Indusrial and Commercial の略称。

28　これについては第6章で取り上げる。

29　2010年9月13日E氏への聞き取り調査より。

30　ただし、南米支部結成時に多かったブラジル人国籍の組合員たちが多数GUを離れたこともあり、2014年現在では、南米系労働者ではなく、フィリピンなど東

84

南アジア系労働者を中心に組織されている。現在ではフィリピン国籍の女性が執行委員に加わるなど、支部のなかからもGUの中心で活躍する組合員を輩出している。

31 B氏の手記より抜粋した。

32 とりわけ、PLIセクターに属する支部は相対的に規模が大きい一方で、リーダーが去るとその責任を負う人が誰もいないという。

33 G氏はフリーライダー問題について、「すべての活動に参加できる人はいない。ほとんどの人が何かしらの活動に参加しているからそれはそれでいい。」と発言していた。

34 事務所の間取りは図3-1を参照のこと。

35 General Union Executive Committeeの略称。

36 総会のことである。

37 大阪労働府立センターである。

38 GUの組織的特徴や運動の展開過程の記述についてはすでにウェザーズ (2012) が詳細な記述をおこなっている。本節ではウェザーズ (2012) による記述にも依拠しながら解説していく。

39 AGMは大阪で開かれるため、大阪から遠方にある支部では支部ごとに "Delegates" と呼ばれる大会代議員をそれぞれ2名選出し、彼らがAGMに参加して投票する権利が与えられる。

40 こうした配置については第6章で詳述することになる。

41 主にALTs、中学校、高等学校、大学などの（公立私立を問わず）教育機関で就労する組合員を組織するセクターである。

42 主に民間語学学校や語学教室などで就労する組合員を組織するセクターである。

43 主に工場（食品など）で働く労働者を組織するセクターである。SAC、PLI、IACセクターのいずれにも属さないばあいは、General branch（一般支部）と呼ばれている支部に属することが多い。

44 それぞれのセクターの「組合員数の割合は、PLIが45%、SACが40%、IACが15%」である（ウェザーズ 2012:85）。

45 ただし、セクター長は他の役員、スタッフ、支部長などと兼任であることが多い。

46 ただし、SACセクターについては、非常勤講師として複数の学校を職場として働いている組合員が圧倒的に多いため、SACというセクター全体で活動していることの方が多い。

47 2010年8月29日のフィールドノーツより引用した。

48 2010年9月13日のフィールドノーツより引用した。

49 ウェザーズによると「ほぼすべてのSAC部門組合員と、PLI部門組合員の9割が、月3000円の組合費を支払っている。IAC部門の組合員の多くは所得が低いために組合費も少ない」とういう（ウェザーズ 2012:86）。

50 チェック・オフ制度とは、給与から組合費を差し引き、使用者が一括して労働

第3章　GUの組織構造、組合員、組織形成の過程　85

組合に組合費を支払う制度のことである。使用者側からの組合への理解が必要とされるため、GUでこの制度を導入できている職場はまだ数少ない。

51　無料でインターネット通話ができるシステムのこと。

52　カナダ人女性の組合員。

53　2013年AGMに参加したときの記録より。

54　GU初の外国人組合員であり、結成当時からGUの中心的な役割を果たしている。

55　2013年のAGMでは、A氏が20年以上も委員長を務めてきたことに対し「That's not democracy!」と冗談をいう組合員たちの会話がきかれた。

56　Trades Union Congress の略称である。

57　参与観察時のメモ書きより。

58　2013年度調査の結果より確認。

59　自由回答欄の一部を例にして挙げると、「アメリカが大嫌いだから」「冒険」、「日本について学ぶため」「日本語のスキルを上達させるため」「日本を体験してみたいから」「異文化経験」「旅行」「休暇」「イギリスに飽きた」「異国での生活を体験するため」「ライフスタイルを楽しむため」「変わるため」「好奇心」「大好きな文化のなかで暮らすため」「日本が好きだから」など。

60　筆者が回収した2013年度調査の調査票のなかには「より多くの収入を得るため」の選択肢の横に「Ha!」と嘲笑したコメントが書かれていた。この書き込みからも、日本での働くことに経済生活の上昇を求めることが少ないことが読み取れよう。

61　PL1社海外支社のホームページ採用の案内から抜粋した。

62　PL1社での外国人英会話講師（アメリカ人女性）の発言（2010年4月のフィールドノーツより）。

63　作地（2009）では「英会話学校の外国人講師として、1年契約で6年勤めていたが、学校が同業他社に営業譲渡し、閉鎖することになった。学校は「3ヶ月分の慰労金を払うから、退職届を出してくれ。」と言っているが、日本人の従業員には慰労金が6ヶ月分と、さらに転職に必要な職業訓練のための手当てが支払われるという。外国人も同じ扱いにしてほしい。また外国人従業員は雇用保険にも加入させてもらっていない（英会話学校・50人）」という事例が紹介されている。

64　これまで基本給が25万円を超えると労働ビザが発行されてきた。現在は「同じ業務の日本人労働者を下回らない」と通達が改正され、かえって不透明になっている。

65　これはゼネラルユニオン（2007:62）に記載された事例である。

66　「偽装請負」問題についての以降の記述は、2007年3月23日付読売新聞の記事を参照して記述した。

67　2010年8月4日付朝日新聞（朝刊）の記事より。

68　2005年6月6日付の朝日新聞（夕刊）の記事より。

69　たとえば、筆者が同行した2012年8月6日に名古屋でおこなわれた団体交渉の

事例など。

70 2010年のインタビュー当時の年齢である。

71 G氏が10代の頃はイギリスの労働組合の組織率は70%台とひじょうに高く、こうした高い組織率からも労働組合にたいする信頼が深まったという。

72 G氏によると、イギリスではほとんどの大学に学生組合（Students' Union）という学生組織があり、大学生は入学後に全員が学生組合に加入することになる。

73 JETプログラムとは「語学指導等を行う外国青年招致事業」(The Japan Exchange and Teaching Programme) の略称であり、総務省、外務省、文部科学省及び財団法人自治体国際化協会（CLAIR）の協力の下、地方公共団体が実施している事業のことである（The JET Programmeのホームページより抜粋）。JETプログラムを介して日本にやってきたGU組合員は少なくない。

74 インタビュー時にその驚きをG氏は「コレガクミアイ?!」と日本語で表現してくれた。

75 毎週火曜日にオフィスに来るようにしていた。

第4章

インフォーマル・ネットワーク活用戦略による
新規メンバーの動員構造

1　問題の所在

　本章以降、第2章の分析枠組み部分で提示されたうち、未組織労働者への
アプローチ、労働組合員へのアプローチ、さらに本書で新たに加えられたホ
スト社会に向けた市民社会へのアプローチの3つに焦点をあてながら、GU
による運動資源を動員する戦略の見取り図を描いていきたい。

　まず本章では、GUの未組織領域へのアプローチに着目する。すでに確認
してきたとおり、未組織労働者の組織化というテーマはアメリカ合衆国の
SMUにとっても日本のオルタナティヴな労働組合にとっても最も中心的に
取り組む必要のある課題であると同時に、最も取り組むことが難しい課題の
ひとつでもある。従来の労働組合研究において労働組合が組織拡大を可能に
する条件については、労使交渉力など組合としての経済的影響力や闘いの実
績に力点が置かれてきた。しかしながら、オルタナティヴな労働組合が未組
織状態にある外国人を組織するばあいには、個人加盟という条件や流動性の
高い周辺層という特徴が組織化のさいに重大な障壁になると考えられる。つ
まり、第2章の分析枠組み部分で確認した「オルタナティヴな組合組織であ
るがゆえの組織的脆弱性」(第一の運動障壁) にたいする戦略が必要となる。

　ここで手がかりとなるのは、労働NGO、労働者センター、ローカル組合
の事例を取り上げながらアメリカ合衆国のSMUにおける移民労働者の組織
化に着目してきた山田信行の分析視角であろう。山田がアメリカ合衆国の
SMUにおいて一連の研究から強調してきたのは、移民のもつ社会的ネット
ワークや移民コミュニティにおけるリーダーを動員することの重要性であっ

た。山田（2014）は、理論レベルにおいて「移民相互の社会的ネットワークあるいは社会関係資本が、前資本主義的性格をもったコミュニタリアンな社会関係であり、組織化活動を通じて労働者組織がそうした関係を回収することに成功している」（山田2014:127）という仮説をたてたうえで、労働組合と労働者センターとを比較しながらネットワーク、コミュニティ、労働者組織の3つの関連を明らかにしている。移民のもつ社会的ネットワークや移民コミュニティを組織化の手がかりとしようとする山田の視角は、エスニシティを背景としたGUの動員構造とその戦略を明らかにしようとする本書と共通する視角といえる。本章では山田の議論を前提としながら、流動性の高い外国労働者の組織化に成功しているGUが未組織労働者の組織化にたいして採用する戦略を明らかにすることを目的とする。

2　動員戦略の手がかりとしての社会的ネットワーク

　GUがいかなる戦略方法で未組織領域からメンバーシップを確保するのかを知るためには、組合員がどのようなルートからGUを知り加入したのかに着目する必要がある。そこで本章ではまず、2013年度調査の結果をもとに組合員がGUをどのようにして知ったのか、なぜGUを選んだのかについて確認していこう。

　まずGUを知ったきっかけ（**図4-1**）については、回答者の71.3%（N=87）が知り合いをとおして知ったと回答しており、何らかの社会関係をとおしてGUを知った組合員の多さを示している。さらに「知り合い」のなかでも「職場仲間から紹介された」と回答した組合員が58%を占めており、これは「新聞・雑誌・インターネットなどをとおして」（19%）や「職場仲間以外の人から紹介された」（13%）を大きく上回るパーセンテージであるといえる。したがって、この結果から組合員が職場のなかで形成している社会関係をとおしてGUが未組織の労働者に知られるようになることが示される。

　また、「他の機関ではなくGUを選んだ最も大きな理由」（**図4-2**）にたいする回答では「知人や友人が加入していたから」が33.9%（N=38）と最も多い

第4章　インフォーマル・ネットワーク活用戦略による新規メンバーの動員構造　89

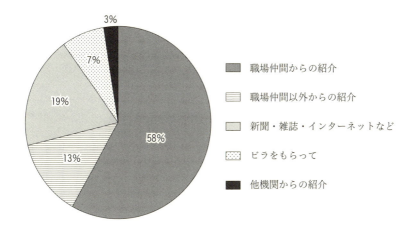

図4-1　GUを知ったきっかけ
出所：2013年度調査より筆者作成。

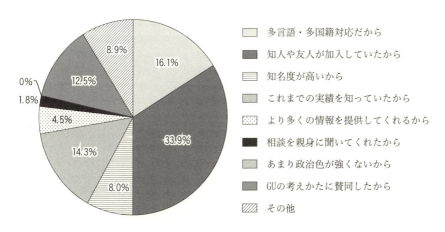

図4-2　GUへの加入を決めた最大の理由
出所：2013年度調査より筆者作成。

ことから、個人が形成する社会的ネットワークの存在がGUに加入するさいの最大の決め手となることが多いことが明らかになる。その一方、「多言語・多国籍対応だから」、「これまでの実績を知っていたから」、GUの理念に賛同したことを決め手とした回答者は10％台にとどまっている。

この2つの結果から推測されるのは、未組織領域にいる労働者たちとGUを媒介しているのは労働者が属する社会のなかの社会的な関係なのではないかということである。しかし、個人加盟という特性をもつユニオンであるにもかかわらず、なぜ個人で加盟する労働者が少ないのだろうか。こうした問いは、以降の分析から明らかになるGUの未組織層へのアプローチおよび動員戦略に深く関連している。ここでまず、ひとつの象徴的な板書を示したい。図4-3はGUの事務所内で2、3人を集めて開かれた小規模のスタッフミーティングのさいにホワイトボードに残されたメモ書きのような板書である。ここに描かれているのはスタッフたちが新しいメンバーを動員（Recruitment）するための戦略を話し合ったときのマインドマップである。マインドマップの中心には動員（Recruitment）の文字が浮かび、そこからエリア（Areas）、イシュー（Issues）、ツール（Tools）の3つへと線がひかれている。メンバーシップの確保のために、スタッフたちはこのように、組合活動のなかでもとりわけ新しいメンバーのリクルートメントに力点を置いている。以降では、GUのなかでもこうした動員戦略に最も成功している事例として大手語学学校PL1の支部を取り上げ、組合員の形成する既存の職場ネットワークを利用し

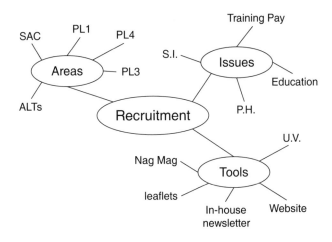

図4-3　会議のさいに事務所のホワイトボードに描かれた動員戦略の図[1]
出所：2012年3月15日のフィールドノーツより筆者作成。

第4章 インフォーマル・ネットワーク活用戦略による新規メンバーの動員構造 91

た動員戦略のありように迫る。

3 PL1支部の概要

　PL1支部は語学学校PL1社に勤務する外国人講師を組織しており、現在支部のメンバーは40人前後である。GU結成から5年後の1996年に結成された。最初にPL1支部ができてからしばらくの間は、労働基準法の問題に特化して活動をしていたこともあり、結成から8年ほど経過した2004年時点でさえもメンバーはたったの3人しかおらず、組織化はうまく進んでいなかった[2]。

　しかし、また第6章で中心的に取り上げることになるが、2004年に社会保険の未加入問題について語学学校の大手全社にたいして社会保険の要求キャンペーンを開始した影響はPL1支部の組織化にとってひじょうに重要なものだった。つまり、PL1支部のばあいは大きな労働争議は支部が結成されてから数年後におこなわれたのである。図4-4は、PL1支部のメンバー数の推移

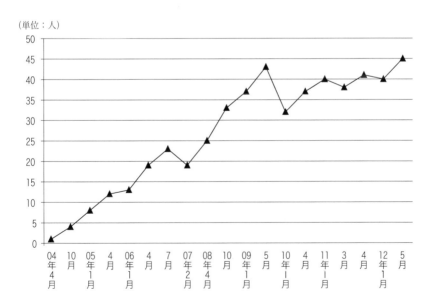

図4-4　PL1支部の組合員数の推移
出所：聞き取り調査にもとづき筆者作成。

(2004年4月〜2012年5月)[3]を示したものであり、PL1支部のメンバーが順調に増えていく様子がうかがえる。PL1支部は2004年に支部結成があってから順調に組合員数を増やしている。

このキャンペーン以降、現在にいたるまでPL1社は他の支部に比べて安定的な労使関係を保つことができており、講師全員の生活にかかわるような重大な労働問題が起こることもない。図4-5はPL1支部がこれまで取り上げたイシューの段階図である。これをみると、結成当時は労働問題として致命的な不当な理由での解雇や給与未払いあるいは遅延などに取り組んでいたのに対し、2006年から2007年に社会保険と有給休暇のキャンペーンに成功して以降は、サービス残業やレッスン時のジャケット着用、パーティーハラスメントなど現在では相対的に高次なイシューへと取り組んでいる。こうした状況から、PL1社との労使関係が安定的になっていることが示される。一方、それと同時にこうした現在の状況は新規のメンバーをひきつける要素がなく、持続的に新しいメンバーをユニオンに加入させることは容易ではないと予測

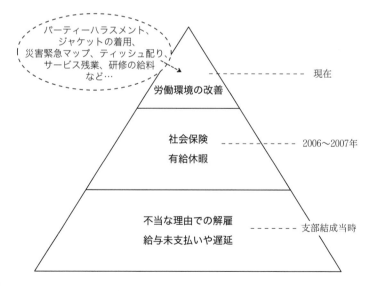

図4-5　PL1支部が取り上げてきたイシューの段階図
出所：聞き取り調査にもとづき筆者作成。

させる。しかし、PL1支部では「組織化」以降も多少の減少はみられたものの、安定的なメンバーシップを保つことができており、GUのなかでも規模と勢力ともに大きい支部として位置づけられる。では、なぜPL1支部ではこのように安定的なメンバーシップの確保が可能なのだろうか。ここではPL1支部が「組織化」後にどのような方法でメンバーを獲得しているのかを具体的にみていこう。

4 組織化後のPL1支部による新規メンバーの動員

4.1 インフォーマルな職場ネットワークによる日常的な動員

　PL1支部がもつ特徴的な動員構造のひとつが、支部の一般メンバーがそれぞれの職場内に形成しているインフォーマルな社会的ネットワークによるものである。これは、外国人語学講師が1週間のうち複数の校舎に出勤する移動勤務形態をとっていることと深く関連している。C氏によると、PL1社は移動勤務制を取り始めたのは、ちょうどGUのPL1支部がPL1社にたいして外国人講師の社会保険を要求し、運動が盛り上がっていた時期であり、GUを通じて毎日顔を合わせる外国人講師どうしの結束が強くなることを防ぐためにPL1社が取った対策であったのだ[4]。しかし、それがGUにとってはプラスに転じ、移動勤務することによって、外国人講師たちは以前よりも多くの職場仲間と接触する機会を持つことができるようになった[5]。母国から持ち込まれた強力な同国人コミュニティをもたない彼らは、職場を通じて友人関係を形成することが多い。GUの組合員が友人ネットワークを形成する場にかんする2010年度調査の結果（複数回答）によると、職場で（53人）、ある活動をとおして（44人）、近所で（15人）、家族をとおして（14人）、GUで（10人）、という順に多く、職場での形成が最も多い。さらに2013年度調査では、職場あるいは職場以外で親しいと感じる人との社会関係の内容については**図4-6**のような結果（複数回答）が得られた。これによると、職場で親しいと感じる人との付き合いかたでは、仕事の情報だけでなく仕事以外の情報を交換するとした回答者は8割を超えている。

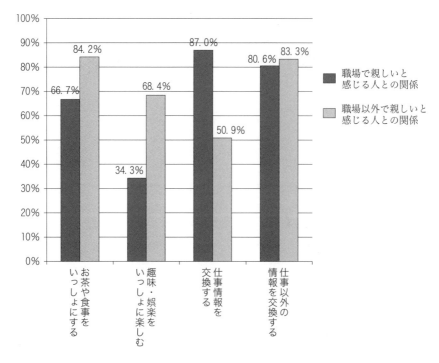

図 4-6　職場／職場以外での付き合いの内容（複数回答）
出所：2013年度調査より筆者作成。

　とくに移動勤務という形態には、毎日異なる職場で異なる講師と顔を合わせるという特徴があり、講師たちは社会関係に広がりをもつことができる。こうしてGUの組合員が職場で形成される社会的ネットワークのなかに埋め込まれることで、GUの組合員である個人とそうでない個人は、ひとつあるいは複数のネットワークのなかでつながることが可能になる。ここでまず、PL1支部における動員のシンプルな事例からみてみよう（**図4-7**）。
　PL1社の英会話講師であるL氏は、2008年にGUに加入した。L氏は彼のルームメイトで友人である同じくPL1社講師のM氏を勧誘し、M氏は職場で社会保険にかかわる問題を抱えていたこともあって加入を決意した（図4-7中の動員経路①）。M氏は社会保険の問題解決後、L氏と一緒に彼らの共通の友人をGUにリクルートし始めた。その結果、彼らの友人であるN氏とO氏を

第4章　インフォーマル・ネットワーク活用戦略による新規メンバーの動員構造　95

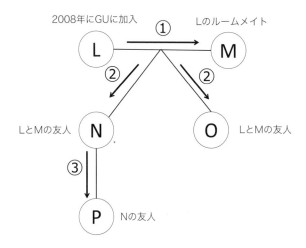

図4-7　PL1支部による組合員個人の友人ネットワークをとおした動員の経路
出所：聞き取り調査にもとづき筆者作成。

GUに動員させることに成功した（図4-7中の動員経路②）。またさらに、加入したN氏の友人であるP氏も、N氏との友人ネットワークを通じてGUへの参加を始めた（図4-7中の動員経路③）。この事例では、GUが直接関わりのない領域におけるメンバー個人の社会的ネットワークが機能し、組合員でない個人をユニオンにひきつけていることが分かる。さらにPL1支部では、ランク・アンド・ファイル組合員が彼らの間のインフォーマルな交流を戦略的に利用して、GUのPL1支部の存在を「日常的なもの」として職場仲間のあいだに周知させている。たとえば、PL1社では毎週土曜日のレッスン後に外国人講師の仲間たちとある公園に集まって飲む習慣がある。そこには組合員やそうでない者もおり、組合員は彼らにたいしてときどきGUの話をする。PL1支部長のC氏はこのことについて次のように話す。

　　彼らにはユニオンがあるのだ、助けてくれるのだというように、ユニオンの存在を知ってもらうことで、彼らに何か問題がおこったさいには、（他の機関でなく：筆者註）ユニオンへの加入を選択してくれる。[6]

ここで、大阪南部にあるPL1社の学校で働く英会話講師たちの土曜日のインフォーマルな集まりのなかで、GUへの動員がどのようにおこなわれているのかをみてみよう。図4-8は、PL1社の講師たちが集まる毎週土曜日の飲み会における動員の経路である。

Q氏は、この集まりの中心的なオーガナイザーでありGUの組合員である。R氏とS氏の共通の友人にはQ氏をはじめとする多くのGU組合員がいて、R氏は社会保険への関心もありGUに加入した（図4-8の動員経路①）。また、R氏も土曜日の集まりに参加しており、R氏はS氏をその集まりに誘った結果、S氏も土曜日に参加するようになり、GUにも加入した（図4-8中の動員経路②）。U氏は、GUの組合員である友人のT氏に誘われて土曜日の集まりに参加し始め、GUに加入した（図4-8中の動員経路①）。U氏が集まりに参加すると、参加している他のGUの組合員たちはU氏を積極的にGUへ巻き込み、彼の友人であるV氏、W氏、X氏をリクルートさせた。V氏は土曜日の集まりにも参加するようになり、友人のY氏も集まりに参加するようになった。結果

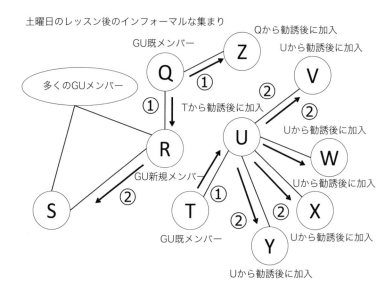

図4-8 職場仲間とのインフォーマルな交流を通じた動員の経路
出所：聞き取り調査にもとづき筆者作成。

第4章　インフォーマル・ネットワーク活用戦略による新規メンバーの動員構造　97

的にV氏、W氏、X氏、Y氏の全員をGUへ動員することに成功している（図
4-8中の動員経路②）。また他にも、土曜日の集まりのオーガナイザーであるQ
氏は、友人であるZ氏を集まりに誘い、Z氏のGUへのリクルートにも成功し
た（図4-8中の動員経路①）。この事例から労働問題の多発あるいは併発などに
よってGUへの加入が緊急性を帯びている状況でないばあいでも、組合員の
動員は日常的な空間のなかで可能となること示される。大畑（1985）は、日
常的な社会関係が運動状況においてコミュニケーションやバーゲニングの手
段として機能することを指摘しているが、PL1支部の事例からは日常的な社
会関係の動員機能が確認された。PL1支部に4年半所属しているF氏は、GU
の組合員とそうでない職場仲間との集まりについて、次のように話す。

> GUのメンバーとは仲が良いが、「これはユニオンの支部会議です」とい
> う感じで会っているわけではない。日常的に仕事後によく一緒に飲んだ
> りする。すごく賢いアイディアだと思う。なぜならノープレッシャーな
> 状態だから。集まりにはGUのメンバーじゃない人もいる。メンバー
> じゃない人にはGUの話をするけど、でも強制は絶対しないことにして
> いるの。（中略）今は、ソーシャルナイトを企画中。ボウリングとか映
> 画とか。すごくいいアイディアだと思う。メンバーじゃない人も誘える
> し、GUの話ばかりをしなくてもいい。そういう空間は、プレッシャー
> をかけずに、メンバーじゃない人にGUへの加入において何らかの影響
> を与えられる可能性がある[7]。

　以上のC氏とJ氏の発言から、職場仲間が形成するインフォールな社会関
係のなかにGUの組合員が埋め込まれることで、GUの運動組織という堅苦
しく関わりにくいイメージではなく、ルーティーン化された生活のなかの選
択肢としてのイメージを与えることが可能となることが分かる。また、この
インフォーマルなつながりによって実際にGUに加入してくるメンバーは多
い。

友達を通じて入ってくる人が多いですね。(中略) 友達も入っているし、もうユニオンのこと昔から知っているし、知名度もある… (中略) … PL1社だと結構 (職場の：筆者註) ネットワークが強く、みんなで土曜日一緒に飲んだりするので、入ってない人も半年ぐらい経ったら仕方なくユニオンに入る。ユニオンの話も当然するからなんだかちょっと仲間外れではないけれど…。(中略) いつもみんなになんで入らないのと (言われる：筆者註)[8]。

　さらにGUが組合員あるいは潜在的組合員たちの日常生活領域を戦略的に利用していることを示す好事例が、「ナショナル・ユニオン・ヴォイス

表4-1　「ヴォイス」が置かれている場所

大阪エリア	Balabushka（心斎橋にあるダーツとビリヤードができる外国人バー） AMERICA MURA The Cellar Bar（心斎橋にあるライブ・バー） Pig and Whistle（心斎橋にあるパブ） Tin's Hall　（天王寺にあるダイニング・バー） BAR TRAMPS（京橋にあるバー） Green Leaf Murphy's Irish Pub（明石にあるアイリッシュ・バー） The Playpen Banana House（大阪のゲストハウス） The Blarney Stone Moriguchi International House 多文化共生センター Sam and Dave（梅田と心斎橋にあるクラブ・バー）
神戸エリア	兵庫インターナショナルプラザ
京都エリア	Café Independent　（京都にあるカフェとライブハウス） The Hills of Tara（京都にあるアイリッシュ・パブ）
奈良エリア	奈良インフォメーション foundation
関東エリア	Dubliners（新宿にあるアイリッシュ・パブ） Dope Music Bar FOGGY（カフェ・バー） Franziskaner Bar and Grill XYZ Bar（八王子にあるライブ・バー） Paddy Foleys Sid's Bar Club Deja-Vu The Bodhran

出所：GUのホームページより筆者作成。

第4章　インフォーマル・ネットワーク活用戦略による新規メンバーの動員構造　99

（National Union Voice1[9]）」（以下、ヴォイス）というニューズレターを置く場所の特徴である。

　ヴォイスを設置する場所を決めるうえでは、おもに組合員のもつインフォーマルな社会的ネットワークが多大な影響を与えている。**表4-1**は、ヴォイスが置かれている場所の一覧である。その設置場所のほとんどがバーやレストランであるという特徴は、彼らが日常のなかでインフォーマルに参加しているコミュニティへの戦略的アプローチのユニークさを示している。

　このように、すでに組合員である講師がもつインフォーマルな職場仲間ネットワークを利用した動員のしくみこそが、PL1支部の持続的な組織化を可能にする条件であったのだ。

4.2　リクルーターとランク・アンド・ファイル組合員による取り組み

　PL1支部のリクルーターとランク・アンド・ファイル組合員によっていかに新規メンバーの戦略的な動員に活動の力点が置かれているのかについてみていこう。PL1支部では、支部長のほかにも各地区の各職場にはユニオン・リプレゼンタティヴ（Union Representative）が配属されており、彼らはGUとその職場を結ぶ重要な媒介者としての役割を果たしている。PL1支部では、彼らを中心として新規メンバーの動員に多くのコストをかけて取り組んでいることが特徴的である。

　　GUにとってリクルートは本当に重要なんだ。帰国するメンバーも多いから、ユニオンの機能を保つためには、常に新しいメンバーをリクルートし続けなければいけない[10]。

　とくにPL1支部の組合員たちが力を注いでいるのが、年度初めに新社員が集まる研修日におこなうビラ配りである。支部メンバーは社内研修の日時や場所の情報を得て、戦略的にビラ配りを実施する。これは新入社員にGUの「姿」をみせる活動としてGUの活動のなかでも重要な位置を占めている。

GUの新規メンバーは減少し続けていて、1年間で3分の1くらいのメン
バーが流動的に入れ替わる。GUにとってメンバーシップはとても重要。
だからPL1支部は毎年春の社内研修のときにビラ配りにものすごく力を
継ぎこんでいる。なぜなら私たちは3月から6月までに新規メンバーを増
やさなければいけないことをよく知っている。今年は組織活動のおかげ
で15%くらいメンバーシップが増えたかな。(私たちは同じ職場だから：筆
者註) 新入社員の研修日を知っているから、2人以上のメンバーが研修
の始まる30分前に本社前に行ってビラを配る。研修のときは、加入申込
書と一緒にニューズレターも配る。全体会議のときは、加入申込書のほ
かにPL1社にかんするイシューにしぼった情報をまくようにしている[11]。

　この取り組みは、PL1社各校に勤務する講師全員が本社に集まる日におこ
なわれるため、すべての講師が目にすることになる。

　　最近ではほとんどの講師がGUのことを知っているんじゃないかな。ビ
　　ラ配りをしているのが大きいね[12]。

　しかし、講師全員が目にしたところで、それが実際の加入につながるかと
いえば決してそうではない。入社した日にGUからビラを渡されたというJ氏
は次のように話している。

　　GUを知るようになったのは、MTGが終わったあとに本社の前でPL1支
　　部のメンバーがビラ配りをしているのを見かけたとき。私はその時ビラ
　　を受け取ったけれど、その時は何も行動には移さなかった。(中略) で
　　も、1年が経過して日本に留まることを決めた時、PL1支部が社会保険
　　を勝ち取ったと聞いたとき、もし私がそれを勝ち取った人たちと一緒に
　　活動をせずに社会保険を受け取ったら、自分を偽善者のように感じるだ
　　ろうと思った。その時、職場にはすでにGUメンバーである友達がいて、
　　彼は私に加入希望書を渡しながら「ユニオンは今キャンペーンをやって

いて、今なら最初の3ヶ月は組合費が500円になる」とか、そんなような
ことを言ってくれた。それならと思って入った[13]。

　このJ氏の発言から、もしビラが与えるメッセージが実際の加入につなが
らないとしても、社会的なネットワークによってその可能性は十分見いだ
せることが分かる。また、ビラ配りの別の効果についてC氏は次のように
話す。

　　目的は新規メンバーを加入させるだけでなく、すでにメンバーであるみ
　　んなにPL1支部のメンバーであることを思い出させるためでもある。多
　　くのメンバーは一緒に来てビラ配りの手伝いをしてくれるよ。メンバー
　　を活動に参加させるいい方法。PL1支部はとても規模が大きく、長く日
　　本に住んでいるメンバーも多い。だから私たちメンバーが新人講師にい
　　ろんな情報を与えることができる。新人講師に、長く働いている講師が
　　ユニオンに入っているという印象を与えるとポジティブな印象になりま
　　すね。研修のとき新入講師に20分間ユニオンの紹介をすることができる。
　　新人講師が来て最初の日にGUという名前を聞く。だからそれに加えて
　　さらにビラ配りをすることはバックアップになる[14]。

　さらにユニオン・リプレゼンタティヴをはじめとする組合員たちは、職場
内にもGUの宣伝ビラを掲示し、組合員でない職場仲間にたいして企業への
要望にかんするアンケートを実施している。支部会議で、あらかじめ何が職
場仲間の間で話題（例えば職場にたいするどのような意見や要望、不満を持ってい
るのかなど）になるかを話し合い、その問題とユニオンを結びつけるメッ
セージを含むビラやアンケートを作成する。そのメッセージがその職場内の
非組合員に共鳴することで、彼らがGUにひきつけられていくのである。ま
た、GUでは組合員が個人的にホームページから加入手続きをするばあい、
加入申し込み手続きページに「GUは年に4回組合ニュースを出しています。
職場の友人や同僚に配ることは出来ますか？」「E news も出しています。職場

の友人や同僚に配ることは出来ますか？」という質問が設けられている。新しいメンバーが、職場内においてGUにひきつけられるような社会的ネットワークを持っているかどうか、また新たなユニオン・リプレゼンタティヴになり得るメンバーであるかどうかを判断するためである。このようなPL1支部の動員は未組織労働者とGUをつなぐひとつの可能性としてとらえることができる。彼らをGUの主張と共鳴させ、ひきつける重要な動員戦略は、非日常的ではなく日常的なインフォーマルでゆるやかな構造を利用した動員戦略であったのだ。

5 小 括

本章ではGUのなかでもメンバーシップの確保に成功している事例としてPL1支部を取り上げ、未組織労働者層へのはたらきかけをとおして運動資源を動員する戦略に着目をして考察してきた。その結果、支部による最初の組織化が遂げられた後では、GUの組合員が埋め込まれている職場のインフォーマルな社会的ネットワークを利用した動員のしくみを形成する戦略こそが、PL1支部による持続的で安定的なメンバーシップの確保を可能にする要因であることが明らかにされた。本章で得られた知見の特徴としては、(1) 従来の労働組合研究が「組織化」を労働問題の発生した一時点としてとらえていたのにたいし、そのメンバーシップを安定的に持続させる条件を検討するために運動組織が人びとをいかにGUにリクルートするのかという点に着目したこと、さらに (2) すでに組合員である個人のもつインフォーマルな社会的ネットワークの存在自体が動員に直接つながるわけではなく、その運動資源をいかにうまく動員するのかという戦略面の重要性を強調したことの2つの点があげられよう。本章でみてきたように、GUによる周辺労働者の下からの組織化は、組織化の段階と比較すると決して非日常的なものではなく、メンバーの日常的な実践のなかでおこなわれていた。その日常的な領域をGUの動員の「現場」としている点がこの事例の戦略のユニークさであるといえる。

〔注〕

1　図上に記されている用語（略語等）について説明したい。〈Areas〉SACとは、School and CollegeでGUの3つあるセクターのうちのひとつをさしている。〈Issues〉Training payとは、語学学校の多くは講師にたいして研修を課すことが多く、その研修への参加にたいして支払われる賃金のことをさす。S.I.はSocial Insuranceの略語であり、社会保険のことをさす。P.H.はPay Holidayの略語であり、有給休暇のことをさす。〈Tools〉U.V.はUnion Voiceの略称で全国一般労働組合東京なんぶや福岡GUと共同で発行しているニューズレターのことをさしている。In-house newsletterとは支部ごとやGUだけが発行するような小規模のニューズレターのことをさす。NagMagはNagoya Magazineの略であり、名古屋周辺在住の欧米系外国人を対象とした英字雑誌の名称である。

2　2010年6月の聞き取り調査より。

3　支部結成の1996年から2004年までのメンバー数はほとんど5人以下であったため、正確なメンバーの数は記録されていない。

4　2010年9月の聞き取り調査より。

5　2010年9月の聞き取り調査より。

6　2010年6月14日PL1支部長への聞き取り調査より。

7　2012年4月PL1支部メンバーJ氏への聞き取り調査より（筆者訳）。

8　2010年6月PL1支部長C氏への聞き取り調査より。

9　3つの個人加盟ユニオンが合同で作成しているニューズレターである。内容はほとんどが英語で書かれている。

10　2012年4月PL1支部長C氏への聞き取り調査より（筆者訳）。

11　2012年4月PL1支部長C氏への聞き取り調査より（筆者訳）。

12　2012年4月PL1支部メンバーI氏への聞き取り調査より（筆者訳）。

13　2012年4月PL1支部メンバーJ氏への聞き取り調査より（筆者訳）。

14　2012年4月PL1支部長C氏への聞き取り調査より（筆者訳）。

第5章
組合員による活動参加と集合財供給

1 問題の所在

　本章では、第2章の分析枠組みで提示した2つめのアプローチとしてGUの組合員へのアプローチに着目した分析をおこなう。具体的には、GUに加入した後に組合員の活動参加の程度を規定する要因について定量的な分析をとおして探求していく。第4章では組合員の職場で形成されるインフォーマルな社会的ネットワークを介した動員戦略が明らかになった。しかし同章では、新規の組合員の動員に焦点を当てて論じてきた一方で、同じメンバーシップを持続させることや組合員が加入した後、具体的なGUの活動への参加に動員することについては検討することができなかった。これら2つの可能性についても経験的な実証分析によって明らかにすることが求められる。

　これまで労働組合における組合員の組織化という課題にはとりわけオルタナティヴな労働組合をめぐる研究から大きな関心が寄せられてきた。なぜなら、組織化対象における明確な領域が設定しづらく、加入にも脱退にも条件がないという自由度の高さが特徴のユニオンにおいて、メンバーシップの確保は重大な課題としてとらえざるを得ないからだ。先行の研究では組織化の観点から主に労働組合への「加入」という点が注目されており、例えば久世・鈴木 (2012) は、個人加盟ユニオンを対象とした質問紙調査のデータ分析をとおして、労働相談が個人の組合加入に結びつく要因を探求している。しかし、ここで留意しなくてはならないのは、労働組合運動における組合員の「参加」には、組合の構成員となる「加入」をさす「参加[1]」と具体的な組合活動への「参加」の2つの段階が考えられるという点である。組合への

「加入」が重要視される一方、加入後における組合活動への参加については、研究的関心は向けられつつあるものの具体的な議論にまでは至っていない。しかし、先述のとおり、加入や脱退に条件がなく、メンバーシップを確保するのが難しいオルタナティヴな労働組合においては、組合活動のほとんどを一部の中心メンバーだけで担っていかなければならないことが多く、組合員の組合活動への「参加」は今後検討される重要な課題のひとつであるといえる。法政大学大原社会問題研究所 (2010) が実施した個人加盟ユニオン向けの質問紙調査では、組合員が労働組合の諸活動に参加する程度について問う項目で、「組合員教育・学習会」「文化・レクリエーション活動」「地域社会の問題、社会問題全般への取り組み」において、いずれも組合員のうち1～2割程度の参加と回答する組合が大半であるとの結果が示されており、半数以上を活動参加に動員している個人加盟ユニオンは全体のうちほんのわずかであった。この調査結果が示すように、組合員を加入させ、メンバーシップを一定数確保することに成功しているユニオンでも、実際の活動に組合員を動員しながら運動を展開できているとは限らないのだ。そこで本章では組合活動への「参加」に着目し、個人加盟ユニオンにおいて何が組合員の活動参加の程度に影響を与えるのかという問いにたいして、質問紙調査から得られた量的データの分析を通じて検討していく。

2 仮説の提示

　ここで、本章で検証する3つの仮説を提示する。まず、活動への「参加」より前の段階における「参加」 ── つまり組合への加入としての「参加」段階におけるそもそもの動機づけ ── がその後の活動参加に影響を与えているのかを検討する（仮説Ⅰ ── 加入動機仮説）。すでにみたように、これまでの個人加盟ユニオンをめぐる先行の議論では、「加入」という「参加」の形態に関心が偏ってきたが、その「加入」が加入以降の活動参加のありかたに与える影響についてまでは分析が及んでいなかった。そこで本章では仮説Ⅰの検証をとおして2つの「参加」のあいだの関連性について明らかにする。

次に、資源動員論が主張してきた社会的ネットワークやマスメディアを用いた動員について、個人が受けた動員の経路によってその後の活動参加に影響がみられるかどうかを検証していく（仮説Ⅱ──動員経路仮説）。先にみてきたが、動員経路のなかでもとりわけ社会的ネットワークを介した動員による運動参加への促進効果は、すでに多くの社会運動をめぐる先行の研究のなかで議論の中心を占めてきた。本章では、そのなかでもとくにパッシーによるインフォーマルな社会的ネットワークを媒介とした動員への注目にならい、GUの事例においてそれがいかに影響しているのかを探っていく。

最後に、個人が示すGUにたいする評価や社会的な意味づけの相違による効果を検証する（仮説Ⅲ──GUへの評価仮説）。この仮説は、「新しい社会運動」論で議論されてきた集合的アイデンティティによる運動への動員効果を測るためのものである。しかし、それと同時に、イングルハートが提示した脱物質主義的な価値観に通ずるような、組合員のGUにたいする「高次的」評価のありかた──つまり、労働組合としての機能ではなく、楽しむ場、社交の場としてのコミュニティ的機能をGUに求め、またそれを評価するような価値観──について検討するための仮説でもある。そのような価値観に基づくGUへの意味づけがどの程度活動参加にインパクトを与えるのかについて検討したい。

3　何が活動参加の程度を規定するのか

3.1　被説明変数の設定

本章の分析では、「組合員の活動参加の程度」を規定する要因を探っていくために、組合員の「活動参加数」を従属変数として設定する。調査票では、「あなたはGUの活動にどのようにかかわっていますか」という項目を多重回答式で問うている。図5-1は、12種類の組合活動における参加の単純集計結果（複数回答式／計74人）である。ここから、組合員の義務とされている「組合費の納入」(=74人)や比較的コストがかからない参加といえる「ニューズレターを読む」(=63人)以外にも、総会への出席（=40人）、支部会議への出

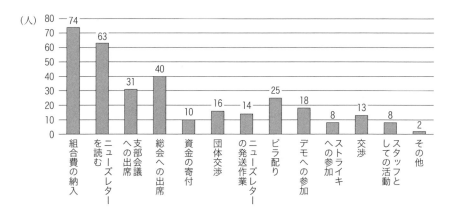

図5-1 組合活動への参加（複数回答式・単位=N）

表5-1 活動参加数

1	5人
2	21人
3	13人
4	9人
5	6人
6	2人
7	3人
8	7人
9	3人
10	2人
11	2人
12	1人
計	74人

席（=31人）、ビラ配り（=25人）などさまざまな活動に組合員が参加している様子が読み取れる。**表5-1**は、これらの活動に個人がどの程度参加しているのかを測るために活動参加数を示したものである。信頼性分析によって計算された12項目におけるα係数[2]は0.843であったため[3]、これを従属変数として用いることにする。

3.2 GUへの加入の動機による効果

まずは仮説Iを検証するために、GUに加入した動機が活動参加の度合いに与える影響についてみていこう。調査票ではGUに加入した動機について「労働相談をするため」、「労働者の権利を主張するため」、「友人をサポートするため」、「何か良いことをするため」、「万が一に備えて」の5つの項目を複数選択式に問うている。この5つの項目における情報を縮約し、共通する成分を求めるために主成分分析をおこなった結果、2つの成分が抽出された（**表5-2**）。第一主成分は、「労働相談をするため」および「労働者の権利を主張するため」という2項目以外において抽出されたことから、「穏やかな組合貢献志向型」の成分と名

表5-2 主成分分析を用いたGUへの加入動機の統合

ユニオンへの加入の動機	主成分負荷量	
	第1主成分 穏やかな組合貢献志向型	第2主成分 積極的な組合活動志向型
労働相談をするため	-.427	.534
労働者の権利を主張するため	-.114	.702
友人をサポートするため	.588	.606
何か良いことをするため	.672	.173
万が一に備えて	.788	-.209
固有値	1.613	1.218
寄与率	32.269	24.356

づけられよう。また第二主成分に相対的に高い負荷量をもつのは、「労働相談をするため」、「労働者の権利を主張するため」、「友人をサポートするため」の3項目であるため、「積極的な組合活動志向型」と名づけることができるだろう。2つの成分を抽出したうえで主成分プロット（**図5-2**）を確認する

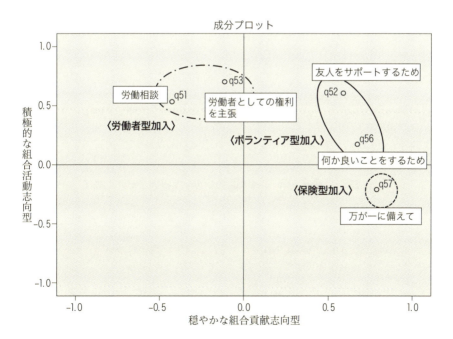

図5-2 GUへ加入した動機の主成分スコアプロット

と、GUへの加入の動機を3つのタイプに分けることができる。

　ひとつめのタイプは、個別的な労働相談を受けることや労働者としての権利を主張することを動機として加入しており、自らを「労働者」として位置づけ加入する「労働者型加入」タイプである。このタイプは企業別労働組合に加入する動機ときわめて類似した傾向を示すものであるといえる。ふたつめのタイプは、「ボランティア型加入」である。このタイプは、「友人をサポートするため」や「何か良いことをするため」という動機で加入するパターンであり、社会貢献的意欲の高いばあいに想定されうる加入のタイプといえるだろう。最後は「保険型加入」である。このタイプは、加入を検討する時点でとくに差し迫った労働問題を抱えていないばあいにおいて、万が一に備えて保険のような感覚で加入するパターンである。このパターンで加入した組合員は、組合活動へのコミットメントも少なく、月々の組合費を支払うことのみでGUと関わっていることが想定される。

　以上の3つのタイプの加入動機を「労働者型加入」「ボランティア型加入」「保険型加入」という3つの合成変数[4]とし、活動参加数を従属変数とした重回帰分析[5]をおこなった。本分析における統制変数は、クランダーマンスにならい、属性変数として性別、さらに活動参加の程度には大きく影響することが予想されるGUへの所属年数の2つの変数を設定した。

　この重回帰分析（モデル1）の結果が**表5-3**である（R2=.410）。GUへの所属年数が0.1%水準で有意な影響を及ぼしている一方で、ボランティア型加入

表5-3　キャンペーン参加度合いの規定要因（モデル1）

	B（β）
男性ダミー	-.343 (-.169)+
ユニオンへの所属年数	1.291 (.518)***
労働者型加入ダミー	-.503 (-.085)
ボランティア型加入ダミー	1.825 (.307)**
保険型加入ダミー	-1.676 (-.296)**
（定数）	2.100
R二乗値（調整済）	.410

+p<.1 , *p<.05 , **p<.01, ***p<.001

第5章　組合員による活動参加と集合財供給　111

ダミーも活動参加数に影響を与えていることが示される。この結果からボランティア型の加入動機であればあるほど組合員は活動に参加する傾向があることがわかる。また、保険型の加入動機は組合員の活動参加数に負の影響を与えることが明らかになった。しかし、労働者型の加入動機であるかどうかのちがいは、活動参加の程度に有意な差をもたらさなかった。

仮説Ⅰ：「組合への加入としての「参加」段階におけるそもそもの動機づけがその後の活動参加に影響を与えている」は、支持された。

3.3　動員ルートの効果

次に仮説Ⅱを検討するため、動員の経路に着目し、その効果について検討していこう。調査票では誰、何をとおしてGUを知るようになったのかを8つの項目[6]に分けて問うている。

8つの項目の度数分布をみるとポイントが多い順に、「同僚から」＝35%、「HPから」＝19%、「友人から」＝17%、「ビラから」＝14% 、「TVや新聞から」＝6% 、「その他」＝4%、「わからない」＝3%、「上司から」＝2%となった。本章では、このうち一定数の分布がみられる4つの項目（友人による動員、同僚による動員、マスメディアによる動員、ビラによる動員）を取り上げ、説明変数としてその効果を測った。その結果を示したものが**表5-4**（モデル2）

表5-4　キャンペーン参加度合いの規定要因（モデル2）

	B（β）
男性ダミー	-.310 (-.153)
ユニオンへの所属年数	1.439 (.578)***
友人による動員	1.217 (-.184)**
同僚による動員	-.261 (-.046)
マスメディアによる動員	-1.629 (-.157)
ビラによる動員	.591 (-.084)
（定数）	1.039
R二乗値（調整済）	.413

+p<.1 , *p<.05 , **p<.01, ***p<.001

112

である（R2=.413）。表5-4によると、動員ルートの影響はあまり強くないが、友人をとおした動員による影響がみられるが1%水準で有意であった。

　仮説Ⅱ：「個人が受けた動員の経路のちがいは、その後の活動参加に影響
　　　　　がみられる」は、支持された。

3.4　GUへの評価による効果

　最後に仮説Ⅲの検証として、GUのどの部分を評価しているのかが、どのように活動参加を促すのか、あるいは抑制するのかについて検討していく。GUにたいする評価項目については、「周囲の評価」「社会政策への影響」「メンバーシップの増加」「組合員の連帯の強さ」「組合員間のコミュニケーション」「GUに所属することの充実感」の6つの項目を主成分分析によって合成変数に縮約する[7]ことを試みた。主成分分析の結果、2種類の成分が抽出された（**表5-5**）。

　第一主成分は「組合員の連帯の強さ」「コミュニケーションの楽しさ」「充実感」などから抽出されたので、GUの運動そのものではなく連帯や帰属感を表す成分として「連帯・帰属感への評価」とした。第二主成分は第一主成分とは対照的に、GUの実績側面にかんする成分であるため「実績への評価型」とした。抽出された2つの主成分負荷量の散布図（**図5-3**）を作成すると、

表5-5　主成分分析を用いたユニオンへの評価項目の統合

ユニオンへの評価項目	主成分負荷量	
	第1主成分 連帯・帰属感への評価型	第2主成分 実績への評価型
周囲の評価	-.684	.240
社会政策への影響	-.431	.723
メンバーシップの増加	-.312	.691
組合員の連帯の強さ	.832	.198
コミュニケーションの楽しさ	.640	.343
ユニオンに所属することの充実感	.657	.466
固　有　値	2.285	1.432
寄　与　率	38.077	23.874

第5章　組合員による活動参加と集合財供給　113

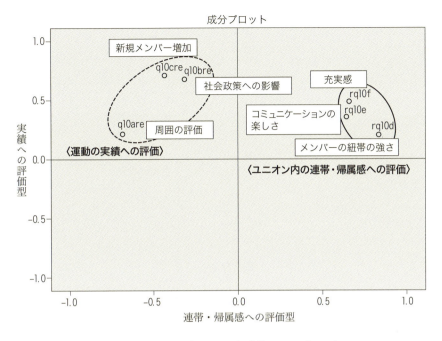

図5-3　GUへの評価項目の主成分スコアプロット

「周囲の評価」「社会政策への影響」「メンバーシップの増加」というGUの「運動の実績」にかかわる評価と、「組合員の連帯の強さ」「組合員間のコミュニケーション」「GUに所属することの充実感」というGUの組織内部での「連帯・帰属感への評価」にかかわる評価の2つのタイプに分類することができた。この2つのタイプの評価における合成変数を独立変数として重回帰分析（モデル3）に投入すると、以下の結果（$R^2=.318$）が得られた（**表5-6**）。

これによると、性別とGUへの所属年数の統制変数を投入しても、連帯・帰属感への評価においては1%水準の有意な効果をもち、活動参加の促進要因となっていることがわかる。コミュニケーションの楽しさや組合員間の連帯の強さなどを実感しているという条件が労働組合の運動への参加を促進させるという結果は注目に値するだろう。これは「新しい社会運動」論における集合的アイデンティティの議論と通じるところであり、連帯の強さや組織に所属することの充実感から組織内のアイデンティティが醸成されているこ

114

表5-6　キャンペーン参加度合いの規定要因（モデル3）

	B（β）
男性ダミー	-.239 (-.113)
ユニオンへの所属年数	.891 (.307)**
運動の実績への評価	-.523 (-.256)+
連帯・帰属感への評価	1.825 (.307)**
（定数）	-2.522
R二乗値（調整済）	.318

+p<.1 , *p<.05 , **p<.01, ***p<.001

とも想定できるだろう。また、労働組合に実績以外の高次な側面 ―― ここで
は労働組合のコミュニティ的機能といえるかもしれない ―― を求め評価して
いるという点に着目すると、脱物質主義的価値観を有する組合員がより多く
活動にコミットしているという解釈も可能であろう。その一方、運動の実績
への評価では10%水準ではあるが有意であり、反対に活動を抑制する効果が
みられた。この結果は、運動の実績への評価が高くなると自身が活動へ参加
しなくてはならないというある種の責任感や参加意欲が抑制されてしまうと
解釈できる。

　　仮説Ⅲ：「個人が示すGUにたいする評価や社会的な意味づけのちがいは、
　　　　　　活動参加に影響を与える」は、支持された。

　以上、3つの仮説の検証をおこなってきたが、最後に検討してきた3つの要
因間の比較をしたい。**表5-7**は、先に検討してきた変数のうち有意な効果の
あったものだけを取り出しておこなった重回帰分析の結果（モデル4）である
（R2=.438）。
　本来は本章で取り上げるすべての独立変数を投入したモデルで検討する必
要があるが、サンプル数への考慮からこのような方法で検討する。このモデ
ルの結果では、モデル1において1%水準で有意な効果がみられた「ボラン
ティア型加入ダミー」と「保険型加入ダミー」の効果は弱まり、「ボラン
ティア型加入ダミー」変数が10%水準で有意となるのみにとどまった。また

第5章　組合員による活動参加と集合財供給　115

表5-7　キャンペーン参加度合いの規定要因（モデル4）

	B（β）
男性ダミー	-.403 (-.229)+
ユニオンへの所属年数	1.164 (.411)**
ボランティア型加入ダミー	1.430 (.234)+
保険型加入ダミー	-1.210 (-.202)
友人による動員	.829 (.117)
連帯・帰属感への評価	.639 (.332)**
（定数）	-4.975
R二乗値（調整済）	.438

+p<.1 , *p<.05 , **p<.01, ***p<.001

モデル2において5%水準で有意な結果が得られた「友人による動員」変数も、モデル4では効果がみられなかった。一方、モデル3で活動参加を促進する効果のあった「連帯・帰属感への評価」は、モデル4でも1%水準で有意な促進効果が確認された。依然としてGUへの所属年数の効果が強いが、それをコントロールしたうえでも「連帯・帰属感への評価」が高ければ高いほど活動に参加している傾向がみられることがわかった。

4　何が組合員による集合財の獲得の程度を規定するのか

4.1　組合員たちによって共有される集合財

　次に、このように組合員たちが実際にGUで活動することで運動組織内ではどのような集合財がもたらされるのだろうか。ここでは組合組織内で組合員たちに特定の集合財が供給される状況を確認し、さらにそれらをどの程度組合員たちが獲得しているのか、そしてそれを規定する要因を主に「2013年度調査」の結果による分析をもとに検討する。**図5-4**はGUで活動することで得られたもの[8]の単純集計をグラフにしたものである。この結果から、「労働者としての権利意識」(81.1%) や「外国人としての権利意識」(63.1%) など特定のアイデンティティを前提とするような項目に回答が集中していることが分かる。ただ、ここで注目しておきたいのは、全体の90%以上が「外国人」

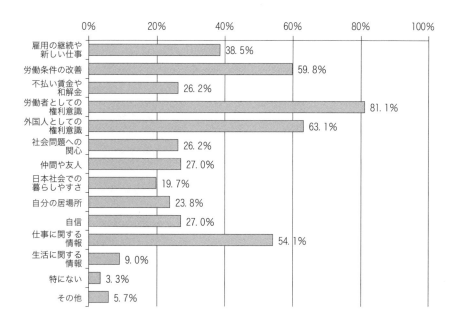

図5-4 GUで活動することで得られたもの（N=123／複数回答）(2013年度調査より)

組合員であるにもかかわらず、前提としているアイデンティティとした権利意識は「外国人」よりも「労働者」に求められている点である。筆者が参与観察法調査をとおして実施した組合員へのインフォーマル・インタビューからも組合員の多くがGUを「外国人」のための組合というよりも「労働者」のための組合と認識していることが確認されており、この結果と整合している。また、「仕事にかんする情報」も半数以上が得たと回答している。一方、「生活にかんする情報」を得たと実感している組合員は意外と少ないようだ。また、先ほどの活動参加を規定する要因において重要な位置をしめていた内在的な要因にかかわる「自信」「自分の居場所」「仲間や友人」はいずれも20％台であり、外在的な動機になりうる集合財としての「労働条件の改善」「雇用の継続や新しい仕事」「不払い賃金や和解金」の方が得たと回答した組合員が多かった。

ここで、GU内でどのような集合財が提供されているのかを、とくに (1)

第5章　組合員による活動参加と集合財供給　117

情報と（2）社会的ネットワークに着目してみていこう。

4.1.1　GUの組織内部で共有されるさまざまな情報

　GUの組織内部ではつねに多くのさまざまな情報が飛び交っている。情報の内容もさまざまであるが、情報が発信あるいは交換される回路もさまざまである。現在GUにおいて確認される情報の経路としては、（1）主に組合員全員に向けて頻繁に電子メールをとおして送られてくるEニュースという電子掲示板やホームページ、総会資料などフォーマルな経路をとおして共有されるもの、そして（2）最近ではツイッターやフェイスブックのアカウントによる情報の発信および交換、ユーチューブにアップロードされた動画などを介して組合員に提供されるセミフォーマル[9]なもの、（3）組合員間の私的な交流をとおした情報の発信／受信および情報の交換がなされるインフォーマルなものの3つのタイプがあるといえる（**表5-8**）。

表5-8　GUの組織内部における情報の経路と内容の分類

	労働組合の活動に かんする情報	日常的な社会生活に かんする情報
フォーマルな情報経路 （Eニュースという電子掲示板、ホームページ、総会資料、などをとおした情報の発信／受信および情報の交換）	・職場にかんする情報 ・日本社会全体の政治的・社会的・経済的な情報 ・イベントや活動の案内 ・組合の活動報告	・日本での社会生活にまつわる情報 ・転職や新しい仕事にかんする情報など ・社会的な交流やコミュニティへの勧誘などの情報
セミフォーマルな情報経路 （ツイッター、フェイスブック、ユーチューブなどをとおした情報の発信／受信および情報の交換）	・日本社会全体の政治的・社会的・経済的な情報 ・イベントや活動の案内 ・組合の活動報告	確認されず
インフォーマルな情報経路 （組合員間の私的な交流をとおした情報の発信／受信および情報の交換）	・職場にかんする情報 ・イベントや活動の案内	・日本での社会生活にまつわる情報 ・転職や新しい仕事にかんする情報など ・社会的な交流やコミュニティへの勧誘などの情報

出所：参与観察にもとづき筆者が作成。

発信および受信される情報の内容については、職場の情報、日本での生活
情報、日本社会全体の政治的・社会的・経済的な情報、イベントや活動の案
内、活動報告などが挙げられる。とりわけ注目したいのは、社会的な交流や
コミュニティへの勧誘などの情報が組合のホームページ（つまりフォーマルな
情報経路）をとおして積極的に掲載されていることである。例えば、2008年1
月に更新された「Information on life in Japan」(表5-9)では、税金、歯科、病

**表5-9　フォーマルな情報経路を介した社会的な交流や
コミュニティへの勧誘などの情報の例**

SPORT	
Australian Rules Football Club	・Osaka ・Players wanted, open to all.Practice every Saturday at Osaka Castle Park. ・Contact: Name, Phone
Bujinkan Kansai	・Osaka/ Kyoto ・Marshall Dojos offering armed & unarmed training. ・Contact: Name, Phone
Cricket Club	・Nagoya ・Contact: Name, Phone
Cricket Club	・Osaka ・Contact: Name, Phone
Kansai Ramblers	・Kansai ・Hiking once a month on Sundays. Check the Kansai Time Out for details of each month's hike.
Kobe Regatta and Athletic Club	・Kobe ・www.krac.org
Kung Fu & Tai-chi	・Kobe ・www.johnskungfu.com
Murphy's Soccer Team	・Osaka ・Email Address
Outdoor Japan	・Osaka ・Links to information on hiking, skiing, cycling & a host of other sports in Japan
Paintball	・Osaka/Kyoto ・www.alpex.ne.jp
Running-Hash House Harriers	・Kansai ・Contact:Name, Phone
Tennis Sundays	・Osaka ・Contact:E-mail
Touch Rugby	・Nagoya ・Coed, experienced and non-experienced okey. Team in Toyohashi, gamagori and Nagoya are looking for players. Season starts in April.

出所：ホームページの情報にもとづき筆者作成。

院、大使館、GAIJIN CARD（外国人登録証明書）の所得場所、支払い、ビザの更新、スポーツ、ウエスタンフードの9項目に分かれており、情報が盛り込まれている。

　ここにはクリケットやフットボール、テニスやアウトドアをおこなうチームなどの紹介と情報が記載されている。こうした情報の提供は、欧米系外国人労働者のコミュニティとの関わりをとおして、「労働組合」としてだけではないGUの日常的な実践において機能していることを示している。2013年度調査の結果では、回答者の27.5%が「スポーツ、趣味、レジャーの会」などに現在積極的に参加していると回答している。またその一方で、インフォーマルな経路をとおして流通する情報も多く存在する。その多くはGUの内部で私的な交流をとおして交換される仕事や職場にかんする情報である。具体的には、語学学校や教育機関における新しい公募の情報や、特定の職場の労働環境や人間関係、上司の様子などである。公募情報はしばしばジョブ・インフォメーションと題して、フォーマルなかたちで電子メールなどを媒介して流れるばあいもあるが、圧倒的にインフォーマルな情報として回ることが多い。すでに確認したように、転職を多く経験し、非正規で複数の職場を行き交う組合員たちにとって、公募の情報や特定の職場の経営悪化やトラブルなどの情報は常時把握しておきたいものである。GU内部では、お互い誰がどこの職場にいるのか、契約はいつまでなのかまで具体的な情報をつねに交換している。交換される「場」は、親睦会や支部会議などGUの活動の現場であることが多い。実際に2013年度調査の結果では、GUの組合員とのつきあいかたの得点[10]とGUの活動をとおして仕事にかんする情報を得たかどうかとにかんする変数のあいだには正の相関がみられた（相関係数＝0.284**）。

4.1.2　GU内で構成される社会的ネットワーク

　つぎにGU内で構成される社会的ネットワークについてみてみよう。2013年度調査の結果によると、組合員においてGUに所属している友人の数は平均9.82人で、そのうち職場仲間である友人数は平均4.01人であった。単純に

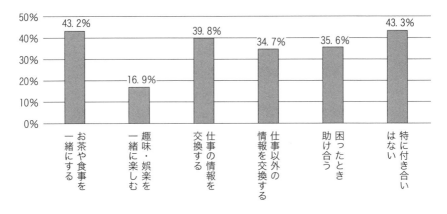

図5-5 GU内の友人との付き合い（N=123／複数回答）
出所：2013年度調査より筆者作成。

算出するとGUでの友人のうち職場仲間は半数を占めていることになる。また付き合い方についてみたものが図5-5である。「お茶や食事を一緒にする」関係であるのは43.2%と最も多く、情報の交換や助け合いについての項目も3割以上の回答者にみられた。

4.2 組合員に共有される集合財獲得の程度を規定する要因の分析

以上にみてきたのは、GU内で共有される集合財としての情報や社会的ネットワークについてであった。ここで最後に、この社会的ネットワークが他の集合財獲得の程度に与える影響についても確認していきたい。ここでは、組合員に提供される集合財のうち、社会的ネットワーク以外の集合財に着目し、こうした集合財を獲得する程度を規定する要因について重回帰分析をおこなった（表5-10）。被説明変数には、図5-4で確認した「GUで活動することで得られたもの」(複数回答）のうち、「友人や仲間」以外のすべてを合計得点にして用いることにする[11]。説明変数には、男性ダミーと組合活動参加得点をコントロール変数として投入したうえで、職場仲間あるいは職場以外の仲間との付き合いの程度、GU内の友人との付き合いの程度、GU内の友人の多さ、日本国籍の配偶者ダミー[12]を説明変数として投入した。一般的に想定

表5-10　組合員による集合財獲得の程度を規定する要因（重回帰分析）

	B (β)
男性ダミー	-.569 (-.779)
組合活動参加得点	.055 (.169)
職場仲間および職場仲間以外との付き合い得点	.188 (.158)
GU内の友人との付き合い得点	.394 (.274)**
GU内の友人数	.042 (.266)**
日本国籍の配偶者あり	.172 (.033)
（定数）	1.2456
R二乗値（調整済）	.296

**p<.01

　されるのは、組合活動参加の程度が多ければ多いほど集合財を獲得する程度も増えるという結果であるが、今回の分析では、組合活動参加の程度をコントロールしたうえでも、集合財の獲得程度を規定する要因は、GU内の友人の多さとGUのなかで形成される友人との交流の程度が1％水準で有意な結果が得られた。集合財の獲得レベルは活動参加の多さだけでは説明できないことが明らかになり、重要なのは組合員をとりまく社会関係であることが示された。

5　小　括

　本章では、GUに加入した後に組合員の活動参加の程度を規定する要因と集合財を獲得する程度の要因の2つについて数量的分析によって探求してきた。その結果、活動参加の度合いに大きく影響を与えると想定されるGUへの所属年数をコントロールしたうえでも、さまざまな要因が活動参加の促進効果あるいは抑制効果をもつことが明らかになった。以下に本章の分析から得られた結果をまとめてみよう。

　まず、GUへ加入した動機の差異は、組合員の活動参加の度合いに影響を与えることが示された。具体的には、ボランティア型の加入動機であればあるほど組合員は活動に参加する傾向があること、また、保険型の加入動機は

組合員の活動参加数を抑制する効果があることが明らかになった。次に資源動員論的観点から動員ルートの影響を検証したが、職場に形成されている同僚ネットワークを通じた動員やマスメディアを通した動員経路による効果は有意ではない結果が得られた。ただし、友人ネットワークをとおした動員がかけられたばあいは、5%水準で有意な活動参加数における促進効果がみられた。さらに、GUのどの部分を評価しているのかという点に着目した分析もおこなった。その結果、コミュニケーションの楽しさや組合員間の連帯の強さなどの連帯・帰属感への評価は活動参加の促進要因となっていること、その一方運動の実績への評価では活動を抑制する効果がみられた。そして最後に、以上に検討してきた項目のうち有意な結果の得られた変数だけを投入して、どの仮説が最も活動参加に与える影響が大きいかを測った。その結果、加入の動機や動員の経路よりも連帯・帰属感への評価において有意な結果がみられ、連帯・帰属感への評価が高ければ高いほど活動に参加している傾向がみられることがわかった。この知見から、本事例においては、加入時の動機や動員経路の効果よりも、GUの実績を評価し期待するがゆえ活動に参加するのではなく、仲間とのコミュニケーションや活動することによる充実感を得られるという条件こそが、組合員の組合活動への参加を促す重要な要因であったことが示唆された。このことは、GUの事例では、GUに労働組合としての実績を期待して評価するよりも、組合員の居場所あるいはコミュニティとしての機能にたいする価値観を有することが、組合員の活動を促進させる条件であることを意味する。

　最後に、組合員がGUの集合財を獲得する程度を規定する要因について重回帰分析をおこなった。この結果から、組合活動参加の程度をコントロールしても、組合員がもつGUの社交関連変数が集合財を獲得する度合いに影響を与えていることが明らかになった。

〔注〕
1　これを労働組合研究のなかでは「組織化」と呼ぶ。
2　Cronbachのアルファである。

第5章　組合員による活動参加と集合財供給　123

3　0.7以上を基準として用いることとする。

4　たとえば「労働者型加入」のばあいは、「労働相談」あるいは「労働者としての権利を主張」のどちらかに回答したケースを1とするダミー変数のことを、ここでは合成変数とよぶ。

5　通常では主成分分析によって得られた主成分得点を重回帰分析に投入することが多いが、本書では、GUに加入するさまざまな動機の中から特定の主成分を抽出して合成変数を作成することを目的として主成分分析をおこなった。そのねらいは、主成分分析から抽出された主成分を軸に考え、組合員の加入動機をいくつかのタイプに分けて分析することである。第一主成分と第二主成分の得点をそのまま投入するだけでは、「積極的か消極的か」という二項でしか加入動機を分けることができず、参与観察をとおして得てきた複雑な質的データと整合していくうえで、この3つのタイプのちがいをみていくことが重要であると考えたため、こうした手順を採用している。

6　「同僚から」「友人から」「上司から」「ホームページから」「ビラから」「テレビや新聞から」「その他」「わからない」の8項目である。

7　このばあいの「合成変数」も註5と同様である。

8　2013年度調査では「GUで活動することで得られたもの」として14の選択肢を設けている。「雇用の継続や新しい仕事」や「労働条件の改善」などのほかにも「権利意識」、「仲間や友人」、「情報」など非競合性の性質を有するものについては、本書では、組織内の集合財として扱う。

9　こうしたオンライン上の情報交換を「セミフォーマル」に分類した理由は以下のとおりである。すなわち、それが公式アカウントによる情報である側面だけみると「フォーマル」に分類されるが、その一方、ツイッターやフェイスブックで発信される情報は、それを「リツイート」や「シェア」という機能を利用して他の利用者と情報を共有しているばあいが多い。このばあいは、組合員がツイッターやフェイスブックをとおして私的につながっている他の組合員との私的な交流になるため、「インフォーマル」な経路としてもとらえられる。したがって、ここではオンライン上の情報経路については「セミフォーマル」として分類することにする。

10　2013年度調査では、日常的にGUの組合員とどのようにつきあっているのかについて5つの項目にわけてたずねており、これらを得点化したものである。

11　信頼性分析で算出された α 係数（Cronbach のアルファ）は0.708であり、基準値0.7以上を超えるので、変数として投入する。

12　配偶者が日本人であるかどうかを説明変数として投入する理由は、家族のメンバーに日本人がいることによって、組合運動をとおしてではなく、個人的にホスト社会領域から資源を動員できる可能性があるからである。

第6章

ホスト社会からの支持動員のための
フレーム調整と正当性付与

1 問題の所在

　本章の課題は、GUのホスト社会（あるいは市民社会）へのはたらきかけに着目し、GUが提示する運動のフレームを調整する（frame alignment）ことによってホスト社会（あるいは市民社会）へのアプローチを試みることで、ホスト社会（あるいは市民社会）サイドの領域から運動資源や支持を動員するプロセスを明らかにすることである。

　ここまでの事例分析ではGUの組織内構造への着目を分析の中心に置いてきた。とりわけ第4章および第5章の分析では、組合員および潜在的組合員へのはたらきかけに焦点をあて、組合員および未組織領域にいる潜在的組合員たちが包含されている社会関係や彼らが共有する社会的・文化的要素がGUの活動において重要であることが明らかにされた。これは、第2章で提示した「外国人労働者の運動において想定される社会構造上の資源」(図2-1) の四象限分類の第三象限にあたる「エスニック・コミュニティ領域から動員可能な非制度的な要素」が組合員を運動にひきつけ、活動を継続するために重要な資源であることを示していた。しかし、その一方でこうしたエスニック・コミュニティ領域から動員可能な非制度的な運動資源のみに依拠しながら運動を展開しようとするばあい、さまざまな障壁が生じることが考えられる。重要なのは、ひとつの労働組合として運動を展開していくには組合員のアイデンティティや彼らをとりまく社会的・文化的基盤にのみアプローチするだけでは、運動はより閉鎖的になるため社会のなかから孤立する恐れがあることである。たとえば、第4章で明らかにされたように、組合員のインフォー

マルな社会的ネットワークに媒介されて新たな組合員を獲得していくことで組合員の社会的属性のバリエーションは均一化され、必然的にメンバーシップの同質性は高まる[1]。2010年度および2013年度調査の結果からも組合員の社会的属性はある程度の類似性が確認でき、個人加盟であることが特色とされるにもかかわらず、GUにはこうしたメンバーシップの同質性がみられる。

ここで重要なのは、こうした組織内における同質性の高まりは組織内の連帯力を高められる一方、これに正比例して組織の閉鎖性も高まることが考えられる点である。とりわけ、MUのように多国籍など特定のアイデンティティをめぐる労働運動のばあいには、こうした閉鎖性は、時に労働運動の舞台となるホスト国において、市民社会からの理解や支持を得ることを難しくさせ、労働運動をホスト社会のなかに正当的に位置づけることや運動の展開を妨げてしまう可能性を有している。とくにオルタナティヴな労働組合のばあいには、企業別労働組合と比べて新たに周辺的に興ったものであるため、市民社会からの注目が得られにくいという特徴がある。さらに、第2章で提示した分析枠組みのように、GUをはじめMUのような個人加盟ユニオンという組織形態かつ外国人が主要なアクターとなる事例では、ホスト社会のなかで運動を展開していくためには市民社会全般へのはたらきかけによる正当性を獲得していくことが不可欠であり、本章ではこうしたアプローチの重要性を指摘する。GUの事例では、すでに第4章や第5章で論じてきたような組織化モデルおよびサービス・モデルの戦略だけでなく、ホスト社会に向けたイメージ形成の側面においても一定の成果がみられる。そこで事例分析の最終章となる本章では、労働組合の分析としてはやや特殊な着眼点ではあるが、こうした市民社会へのはたらきかけに着目しながら、GUが市民社会に向けていかなる方法で活動に正当性を付与しているのかという点に着目する。

こうした市民社会へのアプローチの様相をとらえるうえで分析の軸となるのは、「動員のためのフレーム調整」である。ここではスノーらが1986年に発表した"Frame Alignment Processes, Micromobilization, and Movement Participation"と題された論文に分析の視角を求めており[2]、同論文のなかで議論されている「フレームの調整」(frame alignment) のなかでも「フレームの拡張」(frame extension）が市民社会からの支持動員に与える影響について注目する。「フレームの調整」(frame alignment）とは「（支持動員のために、）社会運動組織（SMO）がその活動、目標、イデオロギーなどの解釈志向と、個人の利害、価値、信念などの個人の解釈を調和的あるいは相補的に連関すること」(Snow et al.1986:464）と定義されており、本章でもこの定義に依拠して分析をおこないたい。市民社会へのアプローチにより、市民社会に向けた動員のためにフレームを拡張することとMUとしての運動を維持することの両立の難しさと両者のせめぎ合いの側面に光をあてる。

　本章における分析の流れは以下のとおりである。まず第2節では、市民社会的な公共空間に向けて特定のアイデンティティを強調する戦略を2004年から大規模におこなわれて成功をおさめた社会保険キャンペーンとPL4社の経営破たんの事例をもとに、こうしたキャンペーンにともなう一連の活動が単に要求をとおし労使関係に影響を与えただけでなく、外国人語学講師という存在をホスト社会（あるいは市民社会）にアピールするためのユニークな運動手法やマスメディアの利用に着目しながら明らかにする。続く第3節では、ホスト社会（あるいは市民社会）からの支持の動員のためにおこなう外部とのネットワーキングについても考察を加える。ここでは、組合組織の外部からの「見られかた」、ホスト社会（あるいは市民社会）への「見せかた」を決定づける要素の重要性について主張したい。

　その一方、第3節の後半では、こうしたホスト社会（あるいは市民社会）サイドを気にしてフレームを拡張することが、組合内においてはジレンマの発生につながりつつあることを示す。こうして、組合組織のイメージ形成のためにMUという特定のアイデンティティの側面を強調する戦略をとることと、ホスト社会領域にある組織とのネットワーキングやその関係性の維持に努めることで「フレームの拡張」(frame extension）をおこない、組合組織を市民社会のなかに位置づけていることは両者のせめぎ合いがみられる。

2 特定のアイデンティティを枠づけるフレームと市民社会へのはたらきかけ

　まず具体的に取り上げるのは、第4章でも取り上げた2004年から2006年にかけて大規模におこなわれたPL1社など大手語学学校への社会保険要求キャンペーンの事例と2007年の大手語学学校PL4社の経営破たん時に展開された抗議運動の事例である。

2.1　社会保険要求キャンペーンの事例に着目して

　すでに第3章で確認してきたように、MUの先駆的事例として位置づけられるGUにおいても、1991年に結成されてからしばらくの間、本書で「第一の運動障壁」とよぶ組合の組織的・財政的基盤の脆弱性に悩まされながら活動を展開せざるを得なかった。外国人組合員たちは自らの労働問題が解決すると帰国するという状況が繰り返されるなかでメンバーシップは定着せず、それにともなって、メンバーの支払う組合費を重要な財政源とするGUでは財政的基盤も不安定であった。また、「第二の運動障壁」として想定されたように、GUでは担い手がマイノリティであることも運動資源の獲得に大きな影響を与えていた。外国人組合員は日本に来たばかりのメンバーが多く、日本の労働法を学ぶことでさえも言語の問題やバックグラウンドの相違によって難しくなっていた。さらに、GUの組合員の多くを占める語学学校ではたらく外国人講師たちは日本社会においてそれほど目立つ存在ではなく、語学学校の経営の悪さや雇用条件の悪さなどがこれまでも多くの外国人講師を苦しめてきたという事実も、日本社会ではほとんど知られてこなかった。

　しかし、GUにおいて初めて運動の方向性に大きな転換点が訪れた2004年ごろから外国人語学講師の社会保険未加入問題が語学業界全体に発生しており、GUは外国人講師の社会保険を要求するため、PL1社を中心としながら語学学校の大手全社に向けて全国規模のシャカイホケン（社会保険）キャンペーンをはじめた。社会保険加入基準には「2ヶ月間以上の雇用」「常勤の、おおむね四分の三以上の労働時間」という通達があり、「週30時間以上の勤務が必要」という誤解が、当時の語学産業関連企業のなかで広まっていた[3]。

第6章　ホスト社会からの支持動員のためのフレーム調整と正当性付与　129

そこで外国人講師に加入させたくないPL1社は、週29.5時間の勤務と定めており、その企業の不当な行為に、GUの組合員でない外国人講師たちの不満も高まっていった。当時、運動の中心のひとりであったPL1社講師のC氏によると、C氏の妻[4]の耳にはGUにかんする悪い噂が流れており、彼女はC氏が組合員として活動を続けていることに不安を抱いていたという。しかし、各校舎の講師たちにはFAXをとおしてこの問題を広め、このキャンペーンによって支部結成当時にはみられなかった組織化の成功と運動の興隆をみることができた。このキャンペーンは、GUが組合組織の外部に外国人講師の存在を訴え、GUじたいのイメージを形成させる重要な契機となったのだ。

　ここで重要なのは、当時、このキャンペーンでは「外国人講師の社会保険要求」というよりも、事実上「外国人」「多国籍」「語学講師」という特定のアイデンティティを主張するフレームと、「社会保険要求」という不安定労働者層全体と共有できるフレームの異なる2つの運動への枠づけと意味づけが提示されようとしていたことである。当初、GUでは、これまで目立つことのなかった「外国人語学講師」という存在を主張することが運動の前提であったと同時に、他方、あえて「社会保険要求」というフレームを大きく提示することで、「外国人」という限定された枠を超えたより広い層——つまり狭義の市民社会ともいえる日本人非正規労働者層へのアプローチも図りたいというねらいもあった。

　しかし、こうした2つの異なるフレームはうまく両立されず、結果的にここで採用された方法は特定のアイデンティティを強調する運動方法であった。キャンペーン開始から全国一般なんぶ（NUGW）と福岡GUとの連帯も得て、東京、名古屋、岐阜、大阪、兵庫、福岡などのPL1社各校前での通行人にビラを配り、声をあげる派手なキャンペーンが繰り広げられた[5]。メガホンを手に取り、街頭という公共空間を利用してビラを配布した。PL1社による組合つぶしもあったが、2006年に企業側の要求の受諾があり、二年間続いたたたかいは終わった。この一連の社会保険要求キャンペーンは当時の組合員たちにとっても「連帯」の記憶として認識されている。そして同様に、社会保険キャンペーンを象徴する「29.5」という数字もGUにとって重要な意味を

もつ数字となった。とりわけ当時からGUにいた組合員たちにとって「29.5」というナンバーはキャンペーンでたたかった者どうしが共有する特別な数字となり、今ではGUの組合員であれば誰もが知っている数字といえる。

　この大規模なキャンペーン以降、GUは労働相談という個別的で小規模な問題への対応よりもより統一的な要求へと運動の目的を転換していった。こうした転換を図ったことで、GUの活動は個別相談の対応から運動へと形態を変えたといえる。この両者の相違は、特定のメンバーが事務所内でおこなう活動と、組合間の連帯により多くのメンバーを動員し運動のメッセージを外部に向けて積極的に発信する活動の相違である。従来の個人加盟ユニオンの運動では、企業側に法的な手続きのもと要求をして経営側との交渉の過程で問題を解決するという方法が一般的であるが、ここでGUが重視したのは経営者に向けられたメッセージではなく、組織外の外部社会全体に向けて自らの存在、あるいは語学講師のかかえるイシューをアピールする戦略を採用することであった。ここで採用された方法とは、配布するビラにこめるメッセージ性を工夫し、街頭にたつときに仮装をするなど印象づけるような独特の運動形態であった。数多く作られたビラのなかでも最も戦略性をみることができるのは、講師たちの幼い子どもを連想させるような泣き顔の幼児の写真がインパクトのあるビラである。こうしたビラには、組合名も書いていなければ語学講師たちの惨状について詳しく書かれているわけでもなかった。しかし、こうしたメッセージを受け取ったホスト社会側の人びとに外国人語学講師に社会保険がないことを周知させる

写真　社会保険キャンペーン時のビラ
　　出所：GU提供。
　　注：企業名部分は筆者加工。

ことがねらいであった。さらにインパクトを強めるため、日本における外国人講師のイメージを皮肉り、サンタクロースの仮装をしてビラを配ることにも挑戦した。こうした戦略はこれまでとくに目立つことのなかった外国人語学講師と彼らの抱える問題を市民社会的な公共空間において全面的にアピールするために重要な役割を果たした。こうした戦略の方向性は、第1章でレビューしたSEIUによる「ジャニターに正義を」の運動がとった戦略と類似した特徴をもつといえる。彼らは日常的に社会のなかで見かけないジャニターを街頭に立たせることでジャニターを目に見える存在にしようとする戦略をとった。同様にGUの社会保険キャンペーンも大都市に校舎があることを利用して、その校舎前で活動をおこなうということは活動を印象づけるためにはひじょうに都合がよかったといえる。こうしたアクションは語学学校に通う多くの日本人生徒の目にとまり、一緒にビラ配りに参加する語学学校の日本人生徒の姿もみられた。

2.2　マスメディアを介した正当性の付与と支持の動員

　市民社会へのアプローチとしてもうひとつ重要なのはマスメディアの力である。GUの活動展開は、その過程のなかで次第にさまざまなマスメディアの注目を浴びるようになった。「英会話労働者の集い」はGUにとってマスメディアが報道した初めての例であり、その後も、PL5社との争議で外国労働者自身が主体的におこなうストライキや1996年の全支部による一斉賃上げ要求についても各紙による報道がなされた。**図6-1**は「ゼネラルユニオン」の新聞への登場回数の推移を示したものである。

　これをみると結成当時は2、3件であった記事も、1998年頃から、波はあるものの5〜10件程度に増えてきた。また、GUがマスメディアに取り上げられた3回の波を確認することができる。まず、第一波は2000年から2001年にかけてフランス政府との戦いが取り上げられた。これはフランス政府が自国外で管轄する学館で教師たちを不当に解雇させたことが原因ではじまった争議である。GUがシラク大統領を不当労働行為で訴えたというインパクトから、当時マスメディアによって大きく報道された。次の波は先述した社会保

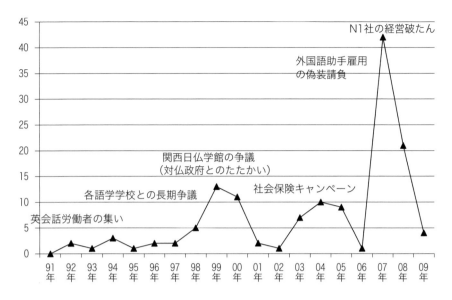

図6-1 「ゼネラルユニオン」の新聞への登場回数の推移
出所:朝日新聞・東京新聞の記事検索より筆者作成。

険の要求キャンペーンである。こうしたマスメディアによる報道は、GUのイメージ形成においてひじょうに重要な役割を果たしているといえる。最もGUが報道されたのが2007年の大手語学学校の経営破たんである。東京では全国一般東京なんぶ(NUGW)が記者会見をおこなったが、一方GUはPL4社本社のある大阪に事務所を持っていたため、報道陣をそこに集めて記者会見をおこなった。もともとPL4社の破たん前から、経営が悪化しているようだという報告を組合員から受けていたGUは、PL4社の細やかな動きにかんする情報でさえも把握し、日本国内のどこよりも詳細を説明できる組織であった。PL4社破たん以降は、語学学校や外国語指導助手(ALTs)をめぐる労働問題の情報はGUが最も詳しいという認識が語学産業界内にも広まった[6]。2007年にはPL4社の破綻によって生まれた約4000人の「講師難民[7]」とともに闘うGUの姿を多くのマスメディアが報道した。A氏によると、マスメディアが一挙にGUに注目した理由は、決してPL4社の講師の多くがGUに加入していたからではなく、破綻以前から、GUに寄せられる労働相談のワー

スト1位がPL4社であることを認識し、PL4社にたいしてGUが「地道に闘ってきた運動の経験とその成果があったから」である[8]という。さらに、語学業界の動向や語学教室学校にかんする情報を、多くのマスメディアはGUのホームページを通じて取得していた[9]。GUのホームページは、正確な情報をいち早くマスメディアに伝えることによって、マスメディアからの注目を維持し、結果的にマスメディアをとおしての運動を世間に発信するというサイクルを確立している。

　また、マスメディアが一挙にGUに注目した理由はそれだけにとどまらない。すでに繰り返しみてきたように、2007年から連続的に起きた大手語学学校の経営破たんは、戦後最大といわれる債権者数を記録した社会現象となった。全国で900以上の店舗を展開し、約48万人もの生徒を抱えていたPL4社の突然の破綻というニュースの背景には、マスメディアにとって報道すべき2つのテーマが含まれていた。まず、この破たんを「消費者問題」という身近で最も重要性の高いテーマから斬り、消費者としての語学学校の日本人受講生の問題が多くのマスメディアによって取り上げられた。

　その一方で、もうひとつの報道すべきテーマとして、破たんがおよそ5000人もの外国人講師たちに及ぼした影響にも注目が集まり、失業した外国人講師たちの困窮した姿を大きく取り上げる報道のされかたが見受けられた[10]。とりわけ、PL4社の経営破たんの時には、新聞記事のなかで外国人講師たちが「講師難民」という言葉で表現されるとともに、明日の生活にすら困っている惨状が強調されて取り上げられていた。たとえば、2007年11月7日付の読売新聞の記事は「4000人の講師難民 ── 好きで来た日本だから…」と題されるなどして、欧米系外国人講師の生活の困窮状態を取りあげている。まずはここで、こうした状況を報道する2つの記事の一部を抜粋[11]していこう。

記事タイトル：「収入途絶え生活困窮　外国人講師　身重の妻抱え途方に」
「給与遅配を繰り返してきた末に破たんした英会話学校最大手のPL4社。外国人講師の中には家賃が払えず、住まいを追い出されたり、食事に困る人も出ている。「わたしたちはおもちゃじゃない。」不安を抱えながら

異国で明日さえ見えない生活を送っている。PL4社で六年間働きてきた英国人講師のマイケル・ハッキングさん（50）は日本人の身重の妻（34）を抱えている。来日後、妻の両親に結婚を認めてもらうために仕事を探し、『きちんとしているように見えた』ので就職した。収入源は自分だけだが、遅配が続き、何度も入金の有無を確認しながら過ごした。情報がなかなか入らない中、突然もたらされた破たんの知らせ。『怒りと無力感を覚えた』という。

　給与の振り込みがなく、数日間まともに食事ができずに辞めた一年目の社員もいた。余裕のある講師らが作った食事を、社員や講師が教室で食べさせてもらったこともあったという。

　大阪市内の留学センターで働いてきたオーストラリア人講師のジェイミー・スカラベロッティさん（25）は、転職を考えている。講師仲間には、会社から家賃の入金がなく退去勧告を受けた人も。『講師の六、七割は大学卒業後すぐ来日し、学生ローンの返済もある。お金はもともとあまり持っていない。』と事情を明かす。

　「みんな情熱を持って日本に来たのに」と肩を落とすのはフランス語講師の女性（32）。一ヵ月分の給与で二ヵ月近く生活してきたが、給与支払いの見込みは無い。「大使館も何もできないと言ってきた。どうしたらいいのか答えが見つからない。」と力なく話した。

(2007年10月27日東京新聞（夕刊）記事（13面）より引用)

記事タイトル：「4000人の講師難民　好きで来た日本だから…」

「午後8時、都内のアパート2Kの住居。破綻（はたん）した英会話学校PL4社[12]の外国人講師、ジェシカ・クライトンさん（23）とヒラリー・キーズさん（24）の親友同士は、床に座り込み、この日唯一の食事、インスタントめんを食べる。時折涙ぐみながら話した。『カナダの母親にはこんな生活ぶりは話せません。好きで来た日本ですから……』先月26日の会社更生法の適用申請で、全国で4000人のPL4社外国人講師たちが職を失った。クライトンさんらはそれよりも前の先月11日、会社が借り

第6章　ホスト社会からの支持動員のためのフレーム調整と正当性付与　135

上げたアパートからの退去を言い渡され、同20日に今の部屋へ引っ越したところだ。全国一般労働組合東京なんぶでは、『アパートを追われた多くの講師は、すでに難民状態』と心配する。講師たちは通常、PL4社が法人契約したアパートに2〜3人で共同生活を送る。大阪市内のマンションに3人で暮らす米国人のニック・シェパードさん（26）は、来日して1年半。住居費として毎月の給料から一人一律5万3000円が引かれていた。現在、会社からの家賃支払いは滞納しているが、クライトンさんとは対照的に、家主の厚意で住み続けることが出来ている。『外食はやめ一食200円の自炊に切り替えた』と話す。英会話の個人レッスンでのわずかな収入が頼りだ。」　　　　　　（2007年11月7日読売新聞記事より引用）

　以上の2つの記事のなかで強調されていたのは、「身重な妻を抱え」ながらも給与遅配のせいで「明日さえみえない生活」を送る外国人講師や、収入が途絶えて「アパート2K」の住居で「この日唯一の食事」である「インスタントめん」を食べながら「時折涙ぐ」む外国人講師たちの姿であった。日本で働く欧米系外国人労働者がこれほどにまで不安定な生活を送っていることは、事情を知らない多くの日本人たちにとっては「意外」な事実として映し出され、ひとつの「社会問題」として認知されるきっかけとなることから、マスメディアから一挙に注目を集めるにいたったといえるだろう。
　失職し、行き場を失った多くの外国人講師たちは「帰国」という選択をしたため、GUのPL4社支部では組合員の減少がみられたが、日本にとどまり自分たちの権利を主張するために現状と向き合いって立ち上がる講師たちも少なくなく、この破たんによって、マスメディアの報道も影響してGUは日本人を含めたホスト社会全体へのイメージづけの契機をつかむことに成功した。このときGUの活動を広げることができたのは設立からかねて連携関係にあった全国一般労働組合東京なんぶ（NUGW）との協力関係によってであった。GUはPL4社の本社がある大阪を活動の拠点とし、全国一般労働組合なんぶ（NUGW）は東京で勤務していた講師たちへの対応をすすめた。GUと全国一般労働組合なんぶ（NUGW）による記者会見ではPL4社のうさ

ぎの着ぐるみをかぶって PL4 社に抗議する外国人女性講師もあらわれ、こうした光景が象徴的なシーンとしてマスメディアで取り上げられた。

さらに、講師の食費負担の軽減が目的で、講師の自宅や公共施設、公園などを教室がわりに、授業が受けられない生徒や元生徒を募って出前授業を開くという「Lesson for Food」という取り組みも始まり、規模としては大きな運動ではなかったものの、こうした当時起こっている事実の重大性を象徴するような光景にたいして報道が集中する傾向があった。以下、「レッスン・フォー・フード（Lesson for Food）」の取り組みを取りあげた記事をみていこう。

記事タイトル：「PL4 社破たん　公園で授業　弁当やカンパ募る」

「PL4 社の経営破たんで、外国人講師らに対する賃金の支払いがストップし、毎日の生活に困窮する講師も出てきた。公園や公共施設などで無料レッスンをする代わりに、生徒から弁当やカンパを募る"出前授業"の動きも広がりつつある。英国人講師ボブ・テンシさん（49）は『講師は食べるのにも事欠いている。このままではホームレスになる人も出てくる』と訴える。米国人講師のクリスティン・ムーンさんも『銀行口座に数千円しかない』と語った。東京労働局が東京都新宿区のハローワークに設けた PL4 社講師向けの窓口には、六日間で延べ七百二十八件の相談があった。語学学校を中心に求人先を開拓中だが、難航している。PL4 社が用意したアパートに住んでいる講師もおり「退去を求められた」と切実な声が寄せられている。

（2007 年 11 月 3 日東京新聞（朝刊）記事（29 面）より引用）

こうした「レッスン・フォー・フード（Lesson for Food）」の取り組みは、英字新聞「ジャパンタイムズ」[13]においても「Hungry PL4 teachers teach for food」と題した記事[14]によっても報道された。ここでも、「このままではホームレスになる人もでてくる」あるいは「銀行口座に数千円しかない」といった外国人講師たちの困窮した姿が強調されるとともに、「レッスン・フォー・フード（Lesson for Food）」が象徴する深刻な状況が描き出されてい

ることがわかる。

　こうしたマスメディアの力も借りて、運動はさらに盛り上がりをみせ、基金を設立したり、インターネットを通じて世界に向けてカンパを呼びかけたり、講師の母国であるアメリカやカナダ、オーストラリアなど各国の大使館にも政府レベルでの救済の呼びかけもおこなわれた。さらに新聞記事などマスメディアを媒介して事態を知る一般の人びとからも、GUのホームページに臨時に設置された情報掲示板[15]に多くの応援メッセージも書き込まれた。

　また、以上にみてきた外国人講師の報道のされかたは、PL4社の破たんから半年たった時期までも続いていた。以下に挙げる記事は、PL4社が破たんしたのちに事業を継承した先の企業から再雇用されたにもかかわらず、契約解除された外国人講師たちの姿が報道されていた。

記事タイトル：「PL4社破たん半年『安心して働きたい』解雇や減給 外国人講師ら『逆風』」

「英会話学校の最大手であったPL4社が経営破たんして二十六日で半年を迎えた。『安心して働ける場所はどこにあるのか。』事業継承先の企業に新天地を求めた外国人講師や社員は、事実上の解雇や減給といった『逆風』にさらされている。(中略) 再び教壇に立てると期待していた英国人の男性 (51) は今、ハローワークに通っている。自宅待機の後、二月に九州転勤を求められた。『身重の妻がいて難しい』と言うと契約解除を迫られた。『事業継承先の会社を信じ、PL4社の時と同じ轍 (てつ) を踏んだ』と悔やむ日々だ。(中略) フランス人女性 (32) も職を失った。教え子たちが出資して授業の場を設ける話もあったが、『生徒に負担をかけるのは忍びない』と、五月に帰国することを決めた。(以下略)

(2008年4月26日東京新聞（夕刊）記事（10面）より引用)

3　フレーム拡張のためのホスト社会と共有できる社会的イシューの選択

　以上にみてきたのは、市民社会的な公共空間やマスメディアを運動資源と

して利用しながら、GUのMUによる外国人講師という特定のアイデンティティを強調する市民社会へのアプローチであった。しかしその一方、こうしたアプローチによって強調される「特定のアイデンティティ」は、外部からのアテンションは得られるものの、組合員のアイデンティティや運動の連帯力を高めることにもつながり、それは運動をより閉鎖的にさせる。こうした閉鎖性は、ホスト社会領域とのつながりを促進させるとは限らず、彼らの運動をホスト社会のなかに位置づけるのを妨げてしまう可能性を有している。ここではホスト社会領域から動員可能なネットワークに参入したり、市民社会と共有しうるイシューへの活動に参加したりすることによって、MU的側面の表出というアプローチからは得られない市民社会からの理解を獲得し、運動の閉鎖性を打開するための「フレームの拡張」に着目していく。

3.1 ホスト社会領域における組織間のネットワークへの参入

3.1.1 組織間ネットワーク

まず、GUが形成する組織間ネットワークの最も重要なものは、「多国籍ユニオンネットワーク」である。GUがもつ組織間ネットワークは、すでにふれたような全国一般労働組合東京なんぶ（NUGW）との組織間ネットワークのように、類似性の高い組織とのあいだに形成される組織間連携だけでなく、担い手の属性や組織対象が異なる運動団体との間にも意識的に形成される。例えばおおさかユニオンネットワークは、以下の多数の組合を結びつけながら20年間の歴史をもつフォーマルなネットワークである。各参加労組の争議支援と「国鉄分割民営化反対」闘争支援に力を注いできた日本の伝統的な労働運動のなかでも代表的なものとされる。春闘時には「大阪総行動」を組織し、企業への抗議行動や大阪府・大阪市・労働局への申し入れにも積極的に取り組んできた。ここで重要なのは、こうした運動組織団体どうしのネットワークの形成と維持は、ユニオンリーダー（日本人活動家）のもつ活動家個人間ネットワークの影響によるところが多いという点である。GUのばあいは、委員長であるA氏が日本人活動家であることから彼の形成する活動家ネットワークと地域的な基盤が組織間のネットワーキングに重要な役割

第6章　ホスト社会からの支持動員のためのフレーム調整と正当性付与　139

表6-1　おおさかユニオンネットワーク参加組合

全日本港湾労働組合関西地方大阪支部	管理職ユニオン・関西
全日本港湾労働組合関西地方建設支部	ゼネラルユニオン
全日本建設運輸連帯労働組合近畿地方本部	大阪学校事務労働組合
全日本建設運輸連帯労働組合関西地区生コン支部	北摂地域ユニオン
全日本建設運輸連帯労働組合近畿地区トラック支部	南大阪労組連絡会
全日本建設運輸連帯労働組合セメント支部	大阪京阪タクシー新労働組合
大阪教育合同労働組合	新相互タクシー労働組合
大阪電気通信産業合同労働組合	なかまユニオン
全石油ゼネラル石油労働組合堺支部	全労協護法労働組合
全石油昭和シェル労働組合大阪支部	ユニオンおおさか
全国金属機械労働組合港合同	天六ユニオン
郵政労働者ユニオン近畿地方支部	関西非正規等労働組合(ユニオンぼちぼち)
自立労働組合連合	国労党員協議会
労働組合なにわユニオン	

出所：組合内資料にもとづき筆者作成。

を果たしている。「そのへんの地域ユニオンの活動家はみんな昔から知り合い」[16]というA氏の発言からも読み取れよう。その一方、GUの外国人組合員のスタッフが他の運動組織の構成員と個人的にネットワークを形成している例は少ない。本書のいう「第二の運動障壁」と関連する議論であるが、外国人組合員はホスト社会において組織間ネットワークを形成するほどの資源を持ち合わせていることは少ないため、既存の労働運動活動家ネットワークに依存している傾向があり、そこから得られる運動のノウハウも従来の労働組合運動から継承している。こうした組織間のネットワーキングでは、「外国人」というアイデンティティをもつ特定のマイノリティの連帯集団へと集約させていくのではなく、「国際連帯」あるいは「地域連帯」などより広い運動へと開かれていく傾向にある。こうした方法を採用してフレームを拡張することで、GUは自身の活動を日本の労働運動の文脈に位置づくことができ、より運動をおこないやすくできるのである。

　また、もうひとつ重要な点は、GUは多様な運動団体と組織間ネットワー

クを形成することによって、連帯を可能にしながら運動の規模を拡大させていくというよりはむしろ、組織間においてネットワークを結んでいることによってホスト社会からの組織にたいするイメージをより開放性、透明性の高いものにしているという点である。つまり、組織間ネットワークを形成しているかどうかということ自体に社会的な意味づけがなされるのである。こうした点をみると、委員長がホスト社会側の日本人活動家A氏であること[17]がGUに与える影響は大きいといえる。このように、A氏のもつネットワークなど既存の運動資源を運動が利用することは、GUの運動にMUという枠以外のフレームを付与し、それが運動にとってフレームの拡張につながるといえる[18]。

3.1.2 労使関係にかかわるつながり

PL1社とは幾度もぶつかってきた関係にあるGUであるが、A氏によると、PL1社支部の組織化がある程度落ち着き、大きな労働問題もみられなくなってきた現在では、GUは「敵」としてのPL1社の経営者側からも一目おかれる存在へと発展しているという。「敵の側から見ても、逆に評価されていて、昔よくケンカしたけどね…もう今はあんまケンカしてもね…。このあいだPL1社の副社長にも「昔はめちゃ怖かった」って言われてね[19]。」A氏は今ではPL1社の社長と年に2回ほどTOP会談をもつ関係である。そのさいにPL1社の社長は、A氏から語学産業界の動向や、PL1社の社員が今どのようなことに不満を抱いているのか、何が問題になっているのかについての情報を得ており、それを社長自身が労働問題対処や企業運営に活かしているという。かつては敵であった経営側との関係が対抗関係ではなく、提携関係へと変わりつつあるのである。この両者間関係の変化は、GUにとって「経営側への組織化」とも表現でき、経営側との連携は、GUが組織を維持していくためにひじょうに重要な資源となりうるといえるだろう。また、PL1社のみならず、各企業や教育機関においてもこのような労使協定を結ぶことが可能となりつつある。例えば、GUが支部をもつSC3大学においては、GUの支部から「雇用不安を防ぎ、安心して働ける環境づくりをめざして、『事前協議制』

ルール」の要求が提出された[20]。事前協議制とは、雇用環境や雇用条件に変化が生じるばあいに、GUへの情報公開やGUとの協議をとおす労使ルールのことである。これにより、GUは労使で連携しながら、支部のメンバーの雇用環境を守っていくことができる。この事前協議制は、すでにSC2大学やSC3大学の学内ルールとしても存在しており、GUとのリンクが、両者とも十分に機能しているという。こうした労使ルール提案における経営側の合意が得られるのもこれまで蓄積されたGUの成果のひとつといえるだろう。

3.2 ホスト社会と共有できる社会的イシューの選択と組合内のジレンマ

さらにこうした運動体間ネットワークを介して、イシューの射程をMUのみにおさめず、異なるテーマを掲げる活動へ動員されている。GUでは組織内での活動だけでなく、移住連や毎年3月におこなわれるマーチ・イン・マーチと呼ばれるデモ行進や「外国人春闘」などユニオン間の集合行為への参加も、GUの活動のなかで重要な位置を占めている。先述したおおさかユニオンネットワーク、多国籍ユニオンネットワーク、大阪全労協など、多くの労働組合との関係のなかに埋め込まれているGUは、「外国人」あるいは「多国籍」という枠にとらわれることなくさまざまな社会的課題に取り組んでいる。そのなかでもとりわけこれまでGUが積極的に取り組んできたのは、反戦や平和を訴える活動である。「国際反戦デー」でのデモ行進への参加や、「ひびけ！沖縄のこころ 関西のつどい」によるデモ行進への参加、また2009年に開かれた「戦争あかん！基地いらん！関西のつどい」への参加に、組合員が動員されてきた。また震災の被災地への支援として、1995年の阪神淡路大震災では現地の小学校で炊き出しを実施し、2011年の東日本大震災でも募金や被災地の個人加盟ユニオンへの支援などのボランティア活動が中心メンバーをはじめとする組合員によっておこなわれた。また2011年6月の大規模な反原発デモへも参加するなど社会を変える運動のためのひとつの運動組織体としても、その役割を担っている。こうした特徴はGUが「多国籍」というフレームを提示しながらホスト社会に生きる外国人としてのアイデンティティや彼らをとりまくイシューに特化した活動だけにとどまらず、より広い

フレームを提示しながらホスト社会全体と調和可能な社会的課題を敢えて選択して、運動のフレームを調整することで活動に客観的な意味づけを付与しようとする運動側の努力がうかがえる。

しかし、こうした市民社会へのアプローチの一環をめぐっては、組合内部ではどこまでがわれわれのイシューかという疑問を抱く組合員も少なくこうした活動に協力的でないあるいは関心を示さない一般組合員たちもみられる。**図6-2**は組合員がGUの活動の方向性をどのように重要視しているかについての2013年度調査の結果を示したものである。これによると、「多国籍の人びととの社会的権利を主張すること」と「労働者の権利を主張すること」の項目では「とくに重要」と回答する割合が相対的に高いが、その一方で「反戦や原発問題など社会的な課題に取り組むこと」の項目では回答が正規分布型に分散していた。さらにこうした四択のなかで消極的な回答が集中しただけでなく、「重要でない」と回答された横に星印によって回答が強調されているケースや、「This should not be a union issue!」(これはユニオンのイシューとすべきではない！)という走り書きがみられたりもした。また、ある回答者

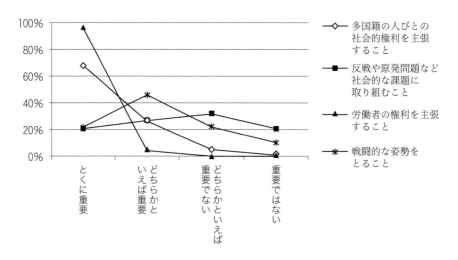

図6-2　組合員が重要視する運動志向性
出所：2013年度調査より筆者作成。

は自由回答欄に「カナダでは労働組合は反原発や反戦のような社会的プロテストはおこなわず、労働者の権利だけを扱う」という説明を記してくれた。こうした回答者の反応からも、GUが「労働者」あるいは「外国人」という特定のアイデンティティによって形成されたフレームを超えた領域にあるイシューに取り組むことに疑問を抱く一般組合員たちの姿を垣間みることができる。しかし、こうしたジレンマは、GUの事例に限らずSMUを志向する労働運動において運動の方向性を左右する重要な課題として浮上する可能性があるといえる。社会運動としての性質も併せもち、階級横断的な社会的属性単位で結合しながら特定のアイデンティティを主張するようなSMU志向の運動においては、運動のフレームの調整が不可欠であり、そうした調整のなかで構成員がジレンマを抱えるケースは生じうる。

4 小 括

　本章では、GUのホスト社会（あるいは市民社会）へのはたらきかけに焦点をあて、ホスト社会から運動資源や支持を動員するためのフレーム調整（frame alignment）という点に注目して分析をおこなってきた。すでに第4章および第5章で論じられているように、GUの事例では、外国人組合員の職場やエスニシティを背景とした生活・文化に基づいた社会を運動の資源動員に役立つ重要な領域として積極的にアプローチすることで組織存続という課題に向きあっていたが、本章におけるGUの事例分析をとおして観察されたのは、運動資源を動員する領域としての市民社会に向き合い、はたらきかけている実態であった。市民社会に向けた組合組織のイメージを「外国人」という特定のアイデンティティを強調する戦略をとる一方で、組織間のネットワーキングやその関係の形成がむしろ「普遍性」「開放性」というイメージの付与に努めることに役立ち、組合組織を日本社会のなかに位置づける。これこそが、GUが組合組織の閉鎖性を打開し、市民社会全体に調和するような社会問題やイシューをあえて掲げることで組合組織の存在を市民社会のなかに位置づける努力の戦略のプロセスであったのだ。こうした結果から明らか

になったのは、正当性の付与と支持の動員には、スノーらの言葉を借りるならば運動のフレームを「拡張」し、GUの運動への客観的な意味づけをシフトさせることの重要性であった。GUの事例では、運動の枠づけや意味付与を調整しながら市民社会へはたらきかけることでホスト社会から運動資源を獲得し、ホスト社会のなかに運動を位置づけることに成功していた。そのさいには、非制度的／ホスト社会領域からマスメディア、日本人活動家がホスト社会領域内にもつ既存の資源、市民社会的公共空間などを積極的に利用しながらホスト社会（あるいは市民社会）にアプローチを試み、ホスト社会が共鳴できるような社会的イシューを敢えて取りあげることによって運動のフレームを調整している過程が明らかになった。とりわけ、GUの事例では、組織間で形成されるネットワークは連帯や団結を可能にするだけの資源ではなく、運動組織のイメージへの正当性の付与や市民社会の中に自らを位置づけるための運動資源として機能していたことも示された。これまでとくに社会運動研究において組織間ネットワークとは連帯のためのものとしてとらえられてきた傾向がある。しかしながら、本章の分析ではこうしたホスト社会内に形成されたネットワークに埋め込まれ、その関係を維持することで、「外国人」あるいは「多国籍」といったフレームの特色を目立たさず、市民社会に共鳴することに成功するのである。本章の事例でみてきたように、フレームの調整によって運動のさまざまな「顔」を外部に表出させ、運動資源を動員しようとする試みは、運動資源の調達が難しいMUのおいて重要な動員プロセスといえるだろう。ただし、本章で取り上げたGUにおいて観察されたフレーム調整が、他のすべてのMUにおいても有効な運動戦略となりうるかどうかは本章からは明らかにすることはできなかったため、比較研究によるさらなる議論の発展を今後の課題としたい。フレームの拡張をめぐってGU内にジレンマが存在している点についても指摘した。こうしたジレンマは今後、GUの事例に限らず、SMUを志向する労働運動において運動の方向性を左右する重要な課題として浮上する可能性があるといえる。社会運動としての性質もあわせもち、階級横断的な社会的属性単位で結合しながら特定のアイデンティティを主張するようなSMU志向の運動においては、運動の

第6章　ホスト社会からの支持動員のためのフレーム調整と正当性付与　145

フレームの調整が不可欠であり、そうした調整の中で構成員がジレンマを抱えるケースというのは大いに考えられるからである。こうした組合員間の運動のフレームをめぐるジレンマをどのように運動組織内で「調整」していくことができるのかという点においても、今後議論を進めていく必要があるだろう。

〔注〕

1　この点については第3章で詳述した。

2　本書を総括する分析枠組みは動員構造論的視角によるものであるが、ここでフレームに着目することは、必ずしも資源動員論とフレーミング理論を対峙するものとしてとらえていないことを意味する。ここでは動員のためのフレーミングに着目する。

3　ゼネラルユニオン（2007）より。

4　当時、C氏の妻もPL1社の日本人講師であった。

5　GU、NUGW、福岡GUのメンバーは青春18きっぷを利用して東京、名古屋・岐阜、大阪、兵庫などの地域をわたり歩き、各校舎前でのキャンペーンをおこなった。

6　2012年6月A氏への聞き取り調査より。

7　2007年11月7日付の読売新聞の記事より引用した。

8　2010年6月14日の聞き取り調査より。

9　2010年4月18日、6月14日、9月13日の聞き取り調査より。

10　2007年11月27日朝日新聞（朝刊）記事（30面）など。

11　記事のなかの下線は筆者が加えた。

12　会社の実名を筆者が修正している。

13　この一連のニュースは英語圏の外国人に多く読まれるジャパンタイムズにも大きく取り上げられた。GUでは日本の新聞からの取材には日本人であるA氏が対応することが多いが、ジャパンタイムズのなかではGUで長年活動してきたイギリス人組合員が対応している記事が多い。

14　2007年11月18日付の記事より。

15　現在は閲覧することができないため、A氏への聞き取り調査によって当時の状況を把握した。

16　2010年6月18日A氏への聞き取り調査より。

17　ただし、A氏は2014年4月をもって委員長を引退し、現在は執行委員として外国人組合員たちに引き継ぎながら活動をサポートしている。

18　たとえば、全労連が発行する機関誌のひとつの記事からは、A氏が単独で書いた活動報告の記事が並んでいるだけであり、こうした記事からは外国人のアイデ

ンティティを追求する運動という性格がある運動のようには受け取れられないだろう。

19 2010年6月14日A氏への聞き取り調査より。

20 ユニオンが刊行しているナショナル・ユニオン・ヴォイス（National Union Voice）(2010, Winter) の記事より引用した。

終　章

結論──多国籍な社会における新たな運動の時代に向けて──

1　多国籍ユニオニズム(MU)における二重の運動障壁と諸領域からの資源動員

　序章ですでにふれてきたように、現代の日本社会における〈労働のグロー
バル化〉が、社会的連帯を可能にするしくみの整えられていないまま深化す
ることで、こうした〈労働のグローバル化〉のもとで増加を続けるマイノリ
ティが問題を抱えつつも社会のなかで連帯なき孤立を迫られるということが、
今日および今後の重大な社会問題として浮上している。とりわけ、外国人労
働をめぐる労働問題は、企業別労働組合の力が及ばないところで解決されな
いままでいるばあいが多い。本書では、SMU研究の視点からヒントを得て、
多国籍な労働者たちがアクターとなる労働運動（MU）に着目し、こうした
社会問題にたいして向き合おうとしてきた。すでに第1章および第2章で確認
してきたように、現代の日本社会におけるMUは、まだ基盤がしっかり据え
られた運動アリーナにおいて複数の運動体から集合行為がなされる段階には
いたっておらず、組織的基盤すら脆弱な小さな運動体（個人加盟型ユニオン）
がそれぞれの組織を存続させ、運動を持続的に展開することが依然として重
要な課題でありつづけている。こうしたMUを担う運動体がいかに運動をな
りたたせることが可能なのかという問題にたいして、本書では、運動組織に
よる「運動資源の調達」という側面に着目しながら事例分析をおこなってき
た。ここで、本書の研究課題を改めて振り返っておきたい。本書では、相対
的に組織的基盤が弱く運動資源に乏しい日本のオルタナティヴな労働組合に
おいて、周辺的あるいは流動的なMUの運動が、社会構造のなかで彼らの社
会的機会やエスニシティを前提としながらどのように成り立つのかを解明す

ることを目的としてきた。そして、先駆的なGUを事例とした分析をとおして、いかなる運動方法を用いて資源を調達しながら20年以上にわたり発展を遂げてきたのか、その具体的な動員方法を明らかにし、日本のオルタナティヴな労働組合が担うMUの運動において有効な示唆を与え得ることをめざしてきた。本章では、GUの事例分析によって得られた具体的な知見を総括し、再構成したうえで、それらがSMUあるいはMU研究にどのような示唆を与えうるのかについて考察を深めていきたい。

ここで、本書における分析方法および枠組みについて改めてみていこう。**図終-1**は本書における分析枠組みの説明図式の再掲である。まず、本書の前提となる社会的な問題状況として挙げられるのが、MUが展開されるさいに想定される二重の運動障壁であった。第一の運動障壁は、オルタナティヴな組合組織であるがゆえに発生する組織的に脆弱な状況であった。こうした障壁はMUに限定された運動障壁ではなく、SMUの運動体に共通する障壁であることを確認してきた。第二の運動障壁は、ホスト社会で居住・就労する外

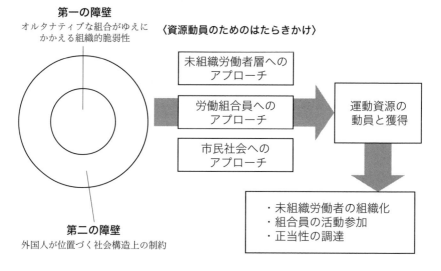

図終-1　本書における分析枠組みの説明図式（再掲）

終章　結論―多国籍な社会における新たな運動の時代に向けて―　149

国人が運動のアクターになるときには、〈二重のマイノリティ〉という社会構造上の立場による影響から、日本人労働者と比べて運動資源にアクセスしづらい状況が想定されるということであった。

　本書では、こうしたMUの運動展開において想定される社会的な障壁の二重構造を前提として、これを打開する条件を探るべく、労働組合によるさまざまな領域へのはたらきかけに着目してきた。まず、労働組合が運動資源を動員するためにアプローチする領域について、本書では (1) 未組織労働者層へのアプローチ、(2) 労働組合員へのアプローチ、(3) ホスト社会（あるいは市民社会）へのアプローチの3つの領域へのはたらきかけに着目してきた。こうした視点は、従来の労使関係論をはじめとする労使関係を前提とした労働組合論とは異なり、SMUや労働組合再活性化理論から着想を得ている。なかでも、ホスト社会（あるいは市民社会）へのはたらきかけへの着目は、運動組織内の連帯力が高まれば高まるほど閉鎖的になることが懸念されるMU独特のアプローチとしてとらえてきた。

　以上にみてきた枠組みおよび着眼点をふまえて、以降では、第4章から第6章の事例分析から得られた具体的な知見を総括していきたい。

1.1　GUの事例分析をとおして得られた知見の再構成

　第4章から第6章までにわたってGUの事例分析をとおして明らかになったのは、GUの巧みなアプローチとその結果得られたさまざまな運動資源の内実であった。ここで改めて各章で得られた具体的な知見を確認していこう。

1.1.1　未組織労働者層へのはたらきかけ

　まず、第4章では、GUによる未組織労働者層へのアプローチに着目して分析をおこなってきた。とりわけ本書が着眼したのは、未組織領域から新しい組合員をリクルートするための活動に力点を置き、なおかつその活動が一定の成果を収めていると判断できるPL1支部の事例であった。さらに、PL1支部では労使関係が比較的安定しており、組織化の緊急性があまりないにもかかわらず、持続的なメンバーの動員に成功していた。PL1支部の支部長を

はじめとする組合員たちのインタビュー記録から明らかになったのは、外国人組合員が日常的に包含されている職場のインフォーマルな社会的ネットワークが新しいメンバーの動員に重要な役割を果たしていることであった。ここで重要なのは、こうした新しいメンバーの動員が、非日常的でフォーマルな手段を介しておこなわれるものではなく、むしろ日常的な実践のなかで形成される友人ネットワークを利用しておこなわれていたという点である。具体的には、PL1支部のメンバーたちによる仕事後の職場仲間との私的な集まりの場面で、新しいメンバーを持続的に動員する構造が確認された。こうしたインフォーマルな社会関係を介するメンバーの動員に関しては、PL1支部に限らず、GUの多くの支部においてみられる。また、GUの事例では、ニューズレターを置く場所の工夫やランク・アンド・ファイルレベルの組合員による支部内でのリクルート活動など、新しいメンバーのリクルートのさいに組合員の日常生活領域を戦略的に利用している事実が明らかになった。こうした動員方法は、流動性の高い外国人組合員を持続的に動員し、メンバーシップを確保する必要のある状況 —— 本書が想定するMUの運動障壁のうち第一障壁とよぶ組織的基盤の脆弱性への対処 —— にたいして重要な役割を果たしている。第4章の分析結果からは、GUの事例では、未組織労働者層へのアプローチをとおして非制度的領域かつエスニック・コミュニティ領域からの資源動員を可能にしていることが明らかになった。

1.1.2　組合員へのはたらきかけ

　第5章の分析では、GUの組合員へのアプローチに着目をした。GUをはじめとするMUにおいて（あるいは個人加盟ユニオン全般に共通していえることかもしれないが）、第4章で示したように未組織労働者層を「加入」させることに成功したばあいでも、組合員として持続的に組合組織にとどまり、組合活動に積極的に参加しなければ、組合組織の基盤を維持することはひじょうに難しい。とりわけGUの事例では、組合の活動費のほとんどが組合員の支払う組合費で占められているため、より持続的なメンバーシップの確保と活動参加へのモチベーションの維持が必要不可欠になる。こうした課題をふまえた

終章　結論―多国籍な社会における新たな運動の時代に向けて―　151

うえで、第5章ではGUにおける組合員が活動に参加する要因あるいは動機を解明することを目的として、組合員への質問紙調査のデータを分析した。

　その結果から明らかになったのは、まず、GUに加入した動機づけのちがいが、組合員の活動参加の度合いに影響を与えることであった。労働組合に加入した動機が、友人をサポートするためや何か良いことをするためであるような、いわば「ボランティア型」の加入動機であるばあいには、活動参加がより促進された。その一方、万が一に備えて加入する「保険型」加入のばあいには活動参加の度合いは抑制される結果になった。つづいて検証した動員ルートによる効果については、マスメディアやビラをとおしたリクルートの効果は確認できなかった一方、友人からの紹介をとおしてGUを知り、加入した組合員であればあるほど活動へ参加する傾向がみられるという結果が得られた。また、組合員の活動参加が、連帯の強さ、仲間とのコミュニケーション、活動の充実感を得られるという条件によって動機づけられていることも明らかにされた。以上にみてきた結果から、GUの労使交渉的機能ではなく、組合員の居場所（あるいはコミュニティ）としての機能にたいする価値観を組合員が有することが、組合員の活動を促進・継続させる条件であると解釈できる。また、GUでは組合員に供給する集合財のバリエーションが豊富であった。それは労働組合としての集合財として考えられる雇用の継続や労働条件の改善といったものにとどまらず、労働者や外国人としての権利意識やさまざまな情報、居場所や自信、仲間や友人などのソフトな財も供給されていた。

1.1.3　ホスト社会（あるいは市民社会）へのはたらきかけ

　最後に、第6章では、GUのホスト社会（あるいは市民社会）へのアプローチに着目した分析をおこなった。すでにふれてきたように、本書で着目してきたMUでは、その特質上、「外国人」「労働者」「非正規」など、運動にさまざまな枠づけと意味付与をすることが可能である。MUとして運動を展開するとき、担い手が〈マイノリティ〉であることによって困難性は想定されるものの、運動の主体が誰であれ、「誰のための」運動として自らの運動をフ

レーミングしていくのかという点ついてはさまざまな選択肢がある。「外国人」あるいは「多国籍」という運動のフレームを提示し、その特定のアイデンティティを主張するとき、そうした特定のアイデンティティに執着しすぎてしまうと運動の同質性・閉鎖性につながり、結果的にホスト社会（あるいは市民社会）とのつながり、あるいはホスト社会からの資源動員に失敗してしまう恐れが生じる。GUの事例からは、2つの種類のホスト社会（市民社会）に向けたアプローチが確認された。まずひとつめは、マスメディアや市民社会的公共空間を運動のフレームの発信のさいに活用することで、MU特有の特定のアイデンティティを強調するアプローチ方法である。もうひとつは、MUにおいて懸念される組合組織の閉鎖性を打開するため、日本人活動家のもつ組織間のネットワークを利用してそこに参入し、市民社会全体に調和するような社会問題やイシューをあえて掲げることでGUの存在を市民社会のなかに位置づけようとする努力であった。最も重要な点は、こうした2種類のアプローチはいずれもホスト社会領域における資源の動員によって可能になっていたことである。さらに注目したいのは、GUが包含されていた運動団体間の組織ネットワークにおいては、これまで日本の個人加盟ユニオンやアメリカ合衆国におけるSMUの事例研究でみられたようなネットワークの形成によって連帯の実現がなされ、それが運動の拡大を可能にしているばかりでなく、ネットワークを形成しているということ自体が市民社会からのイメージ形成および組織にたいしての理解に役立つということである。つまり、ホスト社会のなかにすでにあるネットワークに参入したり、こうしたネットワークを介して市民社会と共有しうるイシューへの活動に参加したりすることによって、運動のフレームを拡張し、MU的側面の表出というアプローチからは得られない市民社会からの理解を獲得できるのである。とりわけGUの事例では、GUを設立した現委員長である日本人活動家のもつネットワークや彼のもつノウハウがそれに与える影響が大きいことが明らかになった。これまで先行研究において主張されてきたような組織間ネットワークの形成による連帯によって運動を可能にするという側面のみならず、こうしたネットワークを形成することはGUそのもののイメージ形成や正当性の付与という観点においても重要なはたらきをしていた。こうした市民社会へのはたらきかけにおいては、非制度的領域かつホスト社会領域からの資源動員が確認されたといえる。

終章　結論─多国籍な社会における新たな運動の時代に向けて─　153

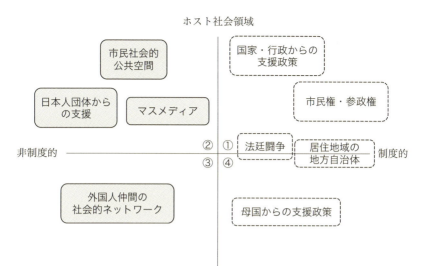

図終-2　GUが動員する社会構造上の資源

　以上に総括された事例分析の知見はすべて、MUがいかなる領域にいかなるアプローチを試みることで運動に必要な資源を動員し、二重の運動障壁を打開できるのかを描き出すための重要な知見である。**図終-2**は、すでにみてきた図2-1をもとに、GUの事例において運動資源の動員が確認された社会構造上の運動資源に分類を示した図である。ここからGUの事例では、制度的な支援政策に頼ることをせずに、非制度的領域かつエスニック・コミュニティ領域、非制度的領域かつホスト社会領域から動員する運動資源に頼って運動が展開されている傾向があると解釈することができよう。こうした知見からみえてくるGUの運動戦略における最大の特徴は、GUが、組合員の職場やエスニシティを背景とした社会生活領域を、資源動員に役立つ重要な領域として重視していた点であるといえる。この点は、今後MUにおける運動の展開を考えるうえで重要であり、グローバルな労働運動のなかにエスニシティがどのように組み込まれることが運動の展開に影響を与えるのかについての議論の核となる部分となる。

154

〈運動障壁の二重構造〉

第一の障壁
オルタナティブな組合がゆえに
かかえる組織的脆弱性

・外国人相互の社会関係
・エスニック組織間の
　ネットワーク

未組織労働者の組織化
ランク・アンド・ファイル
の活動参加

運動組織の存続

（負の効果を打ち消す効果）

（負の効果）

・ホスト社会における運動資源
・ホスト社会に通じるイシューの選択
・マスメディアの活用
・市民社会的公共空間の活用

イメージ形成
正当性の調達
外部との関係形成・維持

第二の障壁
外国人が位置づく
社会構造上の制約

運動の成果

（本書では実証していない部分）

図終-3　本書の事例分析から導き出された動員戦略モデル

図終-3は本書の事例分析から抽出されたGUによる運動資源の動員構造を図式化したものである。GUの事例では、障壁の二重構造を前提として、運動資源の動員のためのさまざまな戦略アプローチを採用していた。組織的な基盤の弱さが運動の妨げとなる第一の運動障壁に関しては、非制度的かつエスニック・コミュニティ領域から外国人相互の社会関係やエスニック組織間のネットワークなどを動員し、それが未組織労働者の組織化や一般組合員の組合活動参加を促進していた。そして、多国籍ユニオニズム特有の障壁である外国人にたいする社会構造上の制約を乗り越えるためにGUが採用していた戦略は、非制度的／ホスト社会領域からマスメディア、日本人活動家のもつ資源、市民社会的公共空間などを運動資源として動員したり、動員のためのフレーム調整によってホスト社会と共有できる問題を取りあげたりといったものであった。また、こうした動員戦略は、GUという特殊な組織のイメージ形成や正当性の調達に機能することも同時に観察された。さらに、こ

終章　結論—多国籍な社会における新たな運動の時代に向けて—　155

うしたホスト社会領域からの資源動員は、多国籍ユニオニズム（MU）にみられる組織内の同質性や閉鎖性といった負の側面を打ち消し、GUを市民社会のなかに位置づけるはたらきもすることが明らかになった。

　しかし、上の図に示されるようなGUによる運動資源の動員構造図式は、必ずしも現在の日本社会にあるすべてのMUの事例にそのまま適用できる図式ではなく、他のユニオニズムの事例をみるうえでは、さらなる議論を要することをここで明記しておく必要があるだろう。そこで以降では、GUから得られた知見がどれくらい他のMUの事例に応用できるのかという点まで議論を広げていきたい。

1.2　本書の事例の特殊性と他の多国籍ユニオニズム（MU）への適用可能性

　ここで、GUの事例の特殊性について改めて確認しておこう。すでに第2章でみてきたように、今日の日本社会においてMUの運動組織とみなされるユニオンは現在6団体ほど存在している。さらにそれらは、(1) 南米系単純労働者を中心に組織するユニオンと (2) 英米系専門職を中心に組織するユニオンの大きく2つの種類に分類することができた。このうち、GUの事例は (2) のタイプに分類される。GUが組織する多くの外国人組合員たち —— 外国人講師たち —— は、第3章で確認してきたように、非正規雇用者層ではあるものの相対的に学歴が高いホワイトカラー層であり、日本社会に多く存在する外国人単純労働者たちと比べれば、安定した経済生活が送りやすいと考えられる。その点で、本章が取り上げたGUの事例は、外国人労働者層の一部を代表することにならざるを得ない。第3章で確認したように、「現在」のGUにおいて組織対象のターゲットとされているのは、欧米系の外国人講師たちだけではなく、南米系や東南アジア系の外国人労働者たち、さらには非正規雇用の日本人労働者たちも含めたより広い周辺労働者層である。しかし、こうしたより広い層のメンバーが加入してくるようになったのはごく最近のことであり、GUの歴史をたどると、GUの組織的基盤あるいは（本書で着目してきた運動資源の動員構造をも含む）運動の文化や様式を築いてきたのは間違いなく欧米系外国人の語学講師たちであり、こうして築き上げられてき

た部分が、今日のGUをMUの先駆的事例とするうえで重要なファクターとなっているといえる。こうした意味で、ここではGUは欧米系外国人労働者中心の労働運動の事例として位置づける必要があり、アクターの特殊性から運動のありかたが影響をうけるということは指摘しておかなければならない。

　GUを事例とした参与観察法調査をとおしてみえてきたのは、本書で明らかにした運動資源の動員構造のみならず、その背景にさまざまな要因が複雑に重なり合っているということである。本書では、GUの事例から、MUによる運動の達成にたいして、運動資源の動員構造のありかたが重要であることを明らかにしてきた一方で、その背後にある「どのようなファクターがこうした動員構造をGUで形成することを可能にしたのか」という問いあるいは「GU以外のMUの事例ではこうした動員構造がみられるのかどうか」という比較の観点からの問いにたいしては十分に取り組むことができなかった。これらの問いについては、調査をとおして検証はできなくとも、これまでの検証をもとにある程度の推察はすることができる。こうした意味で本書の事例は特殊な事例として位置づけざるを得ないが、ここでは、第1章で取り上げたMUをめぐる先行研究あるいは筆者によるユニオンみえへの調査結果などをとおして、GU以外のMU（とくに南米系単純労働者を中心に組織するユニオン）との比較しながら若干の議論をしてみたい。とりわけ、GUの事例から導き出された動員戦略モデルの適用可能性という観点からみていく。以降では、本書の事例分析から導き出された動員構造に沿って論じる。

① 二重の運動障壁

　まず、本書が想定してきた二重の運動障壁についてみていこう。すでに第2章で確認してきたとおり、本書が想定してきた運動障壁は、GU以外の多くのMUにおいても考えられる。現代の日本社会では、多国籍の特色をもつ労働組合の多くが、企業別労働組合ではなくオルタナティヴな形態であるがゆえに、組織的な脆弱さという課題を抱えている（第一の障壁）。その一方、運動のアクターが外国人（あるいは多国籍）であることがもたらす制約（第二の障壁）については、MUそれぞれの組織形態あるいは組合員の構成比など

終章　結論―多国籍な社会における新たな運動の時代に向けて―　157

によって若干その程度が異なると考えられる。MUのなかには、一般労働組合のひとつの分会として外国人労働者を組織化している組合も多い。例えば、全統一労働組合外国人労働者分会（FWBZ）やユニオンみえのピノイユニティなどは、外国人労働者を中心に組織している分会が日本人労働者による分会とともにひとつの労働組合を構成している。こうしたケースでは運動の中心となるアクターが日本人労働者であることも多く、社会構造上の制約が、必ずしも運動の展開において大きな障壁となるとはいえない。異なる分会に属する日本人労働者からの支援が運動の大きな力となる可能性もある。ただし、運動のアクターが日本人である場合でも、彼らの多くは社会のなかで孤立しがちな非正規雇用労働者層であり、マイノリティであるがゆえの制約も考えられる。こうした点については、今後さらなる実証が必要となるだろう。

② アクターの属性

　つづいて、MUの担い手の属性についてみていこう。繰り返しのべているように、GUの事例においては外国人組合員による運動のアクターとしての能動的な参加が、GUの成長に大きな影響を与えている。なぜGUのアクターが能動的に運動に参加しているのかという点については、第3章で確認してきたような専門職あるいは欧米系国籍といった、多くのアクターのもつ社会的属性やバックグラウンドが大きな要因のひとつになっていることは否めない。先述したように、GUの事例では、運動のアクターの多くがオーストラリアなど労働組合教育の活発な国のバックグラウンドをもち、大学教育を受けた経験や労働運動経験があるなど、組合員の人的資本の高さが特徴であった。こうした点は、彼らが日本での労働運動のノウハウを身につけるうえで有利にはたらく。その一方、南米系労働者がアクターとなるユニオンでは、母国での運動経験者は相対的に少ない。ユニオンみえの事例では、運動経験者よりもとりわけ日本語の語学能力の高い外国人組合員（日系二世など）が運動の中心となって活躍していた。こうしたユニオンでは、外国人組合員を運動に巻き込むさいに通訳を担当するスタッフが重要な位置を占めており、この点がGUの事例と異なる。

③ 運動空間の都市度

GUの事例分析では、GUが運動の「場」として選択した運動空間の都市度に着目してきた。GUが大きなキャンペーンを繰り広げる場として選択したのは、駅前など都市部の中心であり、こうした都市的な公共空間で声をあげることが運動にとって重要な意味をもっていた。他のMUが、たとえばGUの社会保険キャンペーンの事例のように都市的な公共空間を利用することは、南米系労働者を組織するユニオンの多くはいわゆる「地域ユニオン（あるいはコミュニティ・ユニオン）」であることが多く、運動はその地域に特化したものになりやすいために難しい。こうした点は、アクターの職場や居住地域と関連している。GUが組織対象の中心に据えてきた欧米系外国人労働者たちは、ホスト社会において集住しない傾向があり、さらに大都市を行き来するかたちで居住地も職場も転々とする傾向[1]がある。生活の場も職場も流動的な生活を送りやすい大都市を拠点としていることが多い彼らにとっては、運動の場としても都市部を選択するケースが多かった。その一方、南米系労働者（あるいは東南アジア諸国からの外国人労働者）の多くは工業地域（あるいは工業都市）の周辺地域に集住する傾向があり[2]、労働組合の事務所も工業地域に位置しているため、都市部での活動は少なくなる。こうした相違点も、MUの運動の性質や戦略に差異をもたらすと考えられる。

④ 運動資源

本書の着眼点のひとつとして、動員可能な運動資源があった。図終-2の四象限に示した、GUが動員してきた社会構造上の運動資源が、他のMUにとって動員可能であるかどうかという点については議論の余地があるだろう。

GUの事例と共通しているのは、日本では制度的領域かつホスト社会領域の国家・行政からの支援政策および市民権・参政権へのアクセスは期待できない点である。その一方、GUの事例と決定的に異なるのではないかと推察できるのは、制度的領域かつエスニック・コミュニティ領域における運動資源の活用可能性である。この運動資源はGUにとってはアクセスすることが

難しいとされ、実際の運動の展開においてもアクセスの試みは観察されなかった。この点についても、上述したような外国人組合員の社会的属性やエスニシティを前提とするバックグランドから影響をうけると考えられる。南米系労働者が多く集住する地域では、外国人住民にたいする自治体からの支援がすすんでいる地域も多い。こうした地域と労働組合の協力関係の形成に成功すれば、運動はより多くの運動資源を獲得することができるだろう。実際に、ユニオンみえの事例では、すでに確認したとおり、多くの外国人組合員の居住地あるいは勤務地がある地域に事務所があり、活動の範囲もその周辺地域にある。こうした地域では外国人労働者の集住にたいする自治体の支援もみられる[3]。また、GUの事例において動員が確認されなかった「日本人団体からの支援」については、ユニオンみえの事例でこうした団体との協力関係が確認されている。具体的には、「学者、主婦、個人事業主、医師など、立場に関わりなく、ユニオンみえの運動を支えようとする人は会員になれる[4]」とするユニオンみえ専属ともいえるユニオン・サポート団体が2003年に結成されている。こうした日本人団体から得られる意義は大きいと考えられよう。また、多くのNPO団体がとりわけ定住化する外国人住民に限って支援をおこない、一定の成果を挙げている。しかしながら、こうしたNPO団体の活動の多くは外国人を住民としてとらえ、自治体のまちづくりの一環として「暮らし」の問題と向き合うことが多い。そのため、労働問題を中心としたMUとの連携はあまりみられず、MUの運動組織や運動資源との協力関係を積極的に形成している事例は、現状では数少ないといえる。

⑤ 未組織労働者の組織化と組合員の活動参加

　本書の分析では、未組織労働者の組織化や一般組合員の活動参加において、外国人仲間との社会的ネットワークが重要な役割を果たしていることに着目してきた。GUの事例では、集住していない欧米系外国人講師たちが職場をとおして形成するインフォーマルな友人ネットワークは、運動組織にとってひじょうに重要な資源動員の手段となっていた。こうしたネットワークの形態や性質は、エスニシティのちがいによって特徴づけられる。ユニオンみえ

の事例でも、職住接近の特徴をもつフィリピン人労働者を組織するさいには、彼らがもつ親族ネットワークを介した動員がおこなわれ、急速に組合員が増え[5]、分会を結成することができた。こうした彼らのもつ親族ネットワークも、本書がいう「外国人仲間との社会的なネットワーク」としてとらえられ、むしろGUの事例でみられたような友人ネットワークよりも強い社会関係であるともとらえられる。しかし、こうした非制度的領域かつエスニック・コミュニティ領域の運動資源は、多くの労働者が共有する労働問題が発生した緊急時に急速な組織化がおこるときに動員されることが多い。GUの南米支部においても、またユニオンみえにおいても、そうした緊急時には急速に大規模な組織化が生じたが、その後ユニオンにとどまり、能動的かつ持続的に活動に参加する者はわずかである。このばあいは、本書が想定してきた第一の運動障壁を打開するための運動資源とはいいがたく、未組織労働者の持続的な組織化に結びつくかどうかも疑わしい。すでに第5章で論じたような「組織化」後の組合員による活動参加をうながすことが、第一の運動障壁の打開の成否にとって鍵となるだろう。

⑥ ホスト社会にたいするイメージ形成

　最後に、本書のもうひとつの分析視点として、ホスト社会からの支持動員のための戦略があった。MUは日本社会では重要なイシューとみなされていないうえに、運動組織が小規模かつ閉鎖的であるために周囲から理解が得られにくい。こうした課題にたいして、GUの事例では、(1) ホスト社会領域から運動資源を動員すること、(2) ホスト社会と共有できるイシューの選択、(3) 市民社会的公共空間の活用の3つの運動戦略を採ることで、運動組織外部との関係を維持し、正当性を調達するよう努めていたことが明らかになった。こうしたアプローチは南米系労働者のユニオニズムにおいても確認することができる。ユニオンみえの事例においても、地元新聞などのメディアを通じてユニオンの活動報告を紹介している。たとえば、2011年に日系ブラジル人の非正規女性労働者の組合員が育児休暇を獲得した事例や、2013年のピノイユニティの結成などが報道されている。

終章　結論―多国籍な社会における新たな運動の時代に向けて―　161

　一方、GUほどホスト社会と共有できるイシューを積極的に重視している
ユニオンの事例はあまりみられない。所属するナショナルセンターが主催す
る活動に動員されることは多いが、こうした活動へは日本人組合員の参加が
一般的であり、外国人組合員への積極的な参加の呼びかけもないことが多い。
ホスト社会にむけた運動のイメージの形成や正当性付与への努力が、フレー
ムの調整としておこなわれることはGUに特徴的な点といえよう。

2　今後の研究に向けて
　── 多国籍ユニオニズム（MU）の比較研究と集合行為のアリーナへの注目

　最後に、以上に示した本書の知見は今後の研究展開にいかなる示唆を与え
うるのか、その可能性についてより広い視野から議論したい。繰り返し述べ
ているように、本書で展開されてきた議論およびそこから得られた知見は、
GU独自のものであった。しかしながら、GUの事例を捉えるうえで本書が
着目してきたさまざまな変数 ── アクターの属性、運動空間、運動資源、社
会的ネットワーク、運動のフレームなど ── と、これらの変数間の関係が運
動の展開に大きく影響するという点は、他のユニオニズムの事例を捉えるさ
いに重要な示唆を与えうる。GUの事例では諸変数の値と組み合わせがひ
じょうに特殊であったため、運動が独自の特徴を示していた。しかし、各変
数がより一般的な値をとる場合には、他のユニオニズムの活動に近づくため、
こうした諸変数やその関係への着目は、より一般的な他の運動の説明や比較
を潜在的に可能にする。たとえば、前節でもふれてきたように、二重の運動
障壁がじっさいに運動を困難にしている度合いは事例によって異なり、それ
が他の説明変数とむすびついて、動員や運動の成果を左右する可能性がある。
GUの事例では、組合員の都市的な生活や集住しないという特徴が、社会的
つながりの弱さ、組合員の属性の偏り、ホスト社会からの理解度の低さなど
と関連しながら運動を妨げる要因となっていた。GUでは、こうした問題に
対処するために、組合員たちの日常的な生活領域と密接に結びつきながら運
動を展開させると同時に、運動のフレームを調整することによって外部との

関係を形成する戦略をとっていた。その結果、GUの組織形態は複雑な構造をとっており、運動の妨げとなる側面にたいして臨機応変にアプローチすることで運動の展開を可能にしてきた。他方で、GU以外のユニオンの事例では、運動の妨げとなる障壁の度合いや、他の説明変数群の動きは異なるため、それらが動員や運動の成果におよぼす効果は、その分だけGUの事例で示されたものとは変わるだろう。

このように、それぞれの運動体における諸変数のうごきや関係をみていくことで比較が可能になるだけでなく、MUの運動体どうしの連携の可能性をみていくこともできる。アメリカ合衆国などでは、労働運動組織と市民活動運動組織の連携によって成果をあげた運動の事例があるのに対して、これまで日本社会では、こうした運動体どうしの連携は難しいとされてきた。したがって、今後の日本の研究においては、多国籍ユニオニズム（MU）の集合行為の連携から成る「アリーナ」への着目が重要な課題になる。本書はGUという単一事例についての詳細な記述と分析に徹したものであったため、GUの展開する運動がいかなる運動領域のアリーナに位置し、そこで他の運動体と連携を可能にするのかといった、MUにおける広義の「運動」については着目することができなかった。しかし、今後は、MUのアリーナにおけるGUと他の運動体との組織間関係は、集合行為のありかたを大きく発展させていくことが予測される。こうした可能性を見据えた研究も今後展開される必要があるだろう。ただし、こうしたMUをめぐる集合行為を分析するさいには、さらに枠組みの検討と刷新が必要である。こうしたMUの集合行為はより社会運動的特質を持つため、本書でみてきた諸変数やその関係への着目だけではとらえきれない部分も存在するだろう。このような課題が残されていることを念頭に置いて、本書で展開してきた議論がどのように活きるのかを今後の研究において引き続き探究していきたい。

〔注〕
1　GU組合員たちのこうした特徴についてはすでに第2章で指摘した。
2　こうした特徴についてはすでに多くの先行研究によって明らかにされている自

終章 結論―多国籍な社会における新たな運動の時代に向けて― 163

明の事実とされる。
3 ただし、筆者の調査時点では自治体とユニオンみえの目立った連携関係は確認
 できなかった。
4 ユニオンみえのユニオン・サポート団体の会報（2003:56）
5 第2章で詳述しているが、当時結成された分会のメンバーはフィリピン人およそ
 200人であった。ただし、ほとんどの組合員が非公表という条件でユニオンみえ
 への加入に合意した。

あとがき

　本書は、2015年2月に名古屋大学大学院環境学研究科に提出した博士学位論文「多国籍ユニオニズムにおける運動資源の動員構造と戦略的アプローチの解明：GUの事例分析をとおして」に修正・加筆をおこなったものである。本書を刊行することができたのは、多くの方々との出会いに恵まれ、たくさんのご指導・ご協力を賜ったからに他ならない。本研究において、ご指導・ご協力いただいたすべての方々に、この場をお借りして厚く御礼申し上げたい。

　まず、名古屋大学大学院時代の指導教員である丹辺宣彦先生に心から感謝申し上げる。大学院進学当時、社会学の知識も経験も乏しかった私が本研究を遂行することができたのは、丹辺先生が終始一貫して厳しくご指導くださり、研究の方向性をご示唆くださったからに他ならない。また、副指導教員の青木聡子先生は、懇切丁寧なご指導をとおして、社会運動論による論考を深めるためのきっかけを与えてくださった。そして、博士学位審査のさいにお世話になった河村則行先生、田中重好先生をはじめ、黒田由彦先生、丸山康司先生、室井研二先生、上村泰裕先生には、さまざまな機会にさいして示唆に富んだ貴重なご助言や激励のお言葉を賜った。また、同講座の先輩がた、同期、後輩たちが研究に励み、活躍をする姿にもいつも大きな刺激を受けていた。とくに、博士前期課程の同期たちが、課程修了後にそれぞれが別々の道を歩み始めてからも常に応援してくれたことは本当にありがたく、日々の研究の励みになった。

　日本社会学会、日本労働社会学会、東海社会学会、日本都市社会学会をとおして出会った先生がたからも、報告の機会においてさまざまな視点からのご意見をいただいた。とりわけ、駒澤大学の山田信行先生、法政大学大原社

会問題研究所の鈴木玲先生には大変お世話になった。

　また、本研究にかかわる調査にご協力いただいたすべての方々に深謝申し上げたい。ゼネラルユニオンの山原克二氏は、本研究に理解を示してくださり、労働組合について何も知らなかった私にさまざまなことを経験する機会を惜しみなく与えてくださった。ゼネラルユニオンで出会ったメンバーの皆さんは、お忙しい中貴重な時間を割いて、私の拙い英語でのインタビューに快く協力してくださった。ユニオンの皆さんの熱心な活動に、心から敬意を表したい。

　さらに、本書の出版を快く引き受けてくださった東信堂の下田勝司氏に、厚く御礼申し上げたい。

　本書の刊行は、平成29年度科学研究費助成事業（科学研究費補助金）（研究成果公開促進費）「学術図書」によるものである。また、2011年度から2013年度にかけて実施した調査研究は、平成23年度科学研究費助成事業（科学研究費補助金）（特別研究員奨励費）の成果によるものである。

　最後に、私のわがままを許し、いつも温かく見守ってくれる家族に感謝の意を表したい。

2017年12月　中根　多惠

参考文献

Burgmann, Verity, 2006, "Labour and the new social movements: the Australian Story"（＝鈴木玲翻訳 , 2007,「労働運動と新しい社会運動 ── オーストラリアの事例」『大原社会問題研究所雑誌』584: 1-23.）

Clawson, Dan, 2003, *The Next Upsurge* ILR Press.

遠藤公嗣 , 2012,『個人加盟ユニオンと労働 NPO: 排除された労働者の権利擁護』ミネルヴァ書房 .

福井祐介 , 2005,「日本における社会運動論的労働運動としてのコミュニティ・ユニオン ── 共益と公益のあいだ」『大原社会問題研究所雑誌』562:17-28.

Frege, Carola and John, Kelly, 2003, "Union Revitalization Strategies in Comparative Perspective" *European Journal of Industrial Relations* (9):7-24.

橋口昌治 ,2011,『若者の労働運動 ──「働かせろ」と「働かないぞ」の社会学』生活書院 .

Heery, E., 2002, "Partnership versus organizing: alternative futures for British trade unionism" *Industrial Relations Journal* (33):1.

樋口直人 , 1999,「住民運動の組織戦略」『社会学評論』(49・4)

─────── , 2002,「外国人の政治参加 ── 外国人参政権・外国人会議・社会運動をめぐる行為戦略」梶田孝道・宮島喬編 ,『国際社会① 国際化する日本社会』東京大学出版会 .

法政大学大原社会問題研究所 , 2010,『個人加盟組合の活動に関するアンケート調査結果報告』ワーキング・ペーパー41, 法政大学大原社会問題研究所 .

兵頭淳史 , 2006,「日本の労働組合運動における組織化活動の史的展開 ── 敗戦から高度成長期までを中心に」鈴木玲・早川征一郎編著 ,『労働組合の組織拡大戦略』御茶の水書房 .

五十嵐泰正ほか,2010,『労働再審② ── 越境する労働と〈移民〉』大月書店 .

Inglehart, R. 1977, *The Silent Revolution: Changing Values and Political Styles among Western Publics,* Princeton University Press. (＝ 1978, 三宅一郎ほか訳『静かなる革命 ── 政治意識と行動様式の変化』東洋経済新報社.

Johnston, Paul, 2001, "Organize for What?: The Resurgence of Labor as a Citizenship Movement" *Rekindling the Movement: Labor's Quest for Relevance in the 21th century* Cornell University Press.

梶田孝道ほか,2005,『顔の見えない定住化 ── 日系ブラジル人と国家・市場・移民

ネットワーク』名古屋大学出版会.

川北稔, 2004,「社会運動の合理性問題とアイデンティティ」曽良中清司他編著,『社会運動という公共空間 —— 理論と方法のフロンティア —— 』成文堂, 53-82.

木本喜美子, 1995,『家族・ジェンダー・企業社会』ミネルヴァ書房.

木下武男, 2007,『格差社会にいどむユニオン —— 21世紀労働運動原論』花伝社.

Klandermans, Bert, 1989, "Union Commitment: Replications and Tests in the Dutch Context" *Journal of Applied Psychology* 74 (6):869-875.

Klandermans, Bert and Dirk Oegema, 1987, "Potentials, Networks, and Barriers: Steps towards Participation in Social Movements." *American Sociological Review* 52: 519-531.

久世律子・鈴木玲, 2012,「個人加盟組合が行う労働相談が組合加盟に結びつく要因についての数量分析」,『社会問題研究所雑誌』642 :45-66.

小谷幸, 1999,「女性の "新しい" 労働運動：女性ユニオン東京の事例研究」『労働社会学研究』1:3-25.

―――――, 2013,『個人加盟ユニオンの社会学 ——「東京管理職ユニオン」と「女性ユニオン東京」(1993年～2002年)』御茶の水書房.

Kriesky, Jill, 2001, "Structural Change in the AFL-CIO: A Regional Study of Union Cities' Impact" *Rekindling the Movement: Labor's Quest for Relevance in the 21th century* Cornell University Press.

熊沢誠, 1976,『労働者管理の草の根』日本評論社.

―――――, 2013,『労働組合運動とはなにか —— 絆のある働き方をもとめて』岩波書店.

李洙珍, 2006,「現代日本の外国人労働者問題とコミュニティ・ユニオン —— 神奈川シティユニオンを事例として」社会政策学会第112回大会自由論題報告レジュメ.

―――――, 2008,「日本におけるNGOの政策的影響力に関する研究 —— 移住労働者支援団体を中心に」,『情報化・サービス化と外国人労働者に関する研究 Discussion Paper』一橋大学大学院社会学研究所・総合政策研究室, 2:1-47.

McAdam, D., 1986, "Recruitment to High-Risk Activism: The Case of Freedom Summer" *American Journal of Sociology* 92: 64-90.

―――――, 1988a, "Social Networks and Social Movements: Multiorganizational Fields and Recruitment to Mississippi Freedom Summer" *Sociological Forum* 3 (3):357-382.

―――――, 1988b, *Freedom Summer*: Oxford University Press.

McAdam, D., John, McCarthy and Mayer, Zald, 1996, "Introduction: Opportunities, mobilizing structures, and framing processes-toward a synthetic, comparative perspective on social movements" McAdam John McCarthy, and Mayer Zald eds., *Comparative Perspectives on Social Movements: Political Opportunities, Mobilizing Structures, and Cultural Framings Cambridge Studies in Comparative Politics:* Cambridge University Press, 1-20.

McCarthy, John and Mayer, Zald, 1977, "Resource Mobilization and Social Movements: A

Partial Theory", *American Journal of Sociology*, 82 (6):1212-1241.

McCarthy, John, 1996, "Constrains and opportunities in adopting, adapting, and inventing" McAdam, John McCarthy, and Mayer Zald eds., *Comparative Perspectives on Social Movements: Political Opportunities, Mobilizing Structures, and Cultural Framings Cambridge Studies in Comparative Politics:* Cambridge University Press, 141-151.

Milkman, Ruth and Kent Wong, 2001, "Organizing Immigrant Workers: Case Studies from Southern California" *Rekindling the Movement: Labor's Quest for Relevance in the 21th century* Cornell University Press.

中村二朗ほか, 2009,『日本の外国人労働力 ── 経済学からの検証』日本経済新聞出版社 .

中根多惠 , 2011,「「新しい労働運動」における社会的連帯の可能性 ── 多国籍労組Gユニオンを事例として」2010年度名古屋大学大学院環境学研究科修士論文 .

_____ , 2012,「社会的ネットワークが外国人労働者の越境目的の達成に及ぼす影響 ── 熟練労働者としての外国人語学講師の場合」『名古屋大学社会学論集』32: 1-29.

_____ , 2013a,「何が個人加盟ユニオンの組織存続を可能にするのか ── GUのA支部における動員戦略に着目して」『労働社会学研究』(14) 1-35頁 .

_____ , 2013b,「個人加盟ユニオンにおける組合員のキャンペーン参加とその規定要因」『東海社会学会年報』, 東海社会学会 , (5),108-119頁 .

西城戸誠 , 2008,『抗いの条件 ── 社会運動の文化的アプローチ』, 人文書院 .

Obershall, Anthony, 1973, *Social Conflict. and Social Movements,* New Jersey: Prentice-Hall.

奥田道大ほか,1994,『外国人居住者と日本の地域社会』明石書店 .

大畑裕嗣 , 1985,「近隣交際ネットワークと運動参加」,『社会学評論』35 (4): 406-419.

呉学殊 , 2011,『労使関係のフロンティア ── 労働組合の羅針盤』労働政策研究・研修機構 .

小川浩一 , 2000,「日本における外国人労働者の組織化〈上〉 ── 神奈川シティユニオンのケース・スタディを通して」『労働法律旬報』6(上).

_____ , 2004,「外国人労働組合の可能性」駒井洋監修・編著,『講座 グローバル化する日本と移民問題・5巻：移民をめぐる自治体の政策と社会運動』明石書店 ,241-301.

オルソン, M, 1983,(＝依田博・森脇俊雅訳)『集合行為論 ── 公共財と集合理論』, ミネルヴァ書房 .

Passy, Florence, 2004, "Social Networks Matter. But How?", M.Daini and D. McAdam, *Social Movements and Networks: Relational Approaches to Collective Action* , Oxford University Press.

Ross, Stephanie, 2008, "Social Unionism and Membership Participation: What Role for Union Democracy?" *Studies in Political Economy* (81).

作地清 ,2009,「外国人労働者の雇用をめぐる相談事例 ── 東京都の労働相談から」

『日本労働研究雑誌』No.587.

Snow.D, Rochford.S, Worden and Benford.R, 1986, "Frame Alignment Processes, Micromobilization, and Movement Participation" *American Sociological Review* 51:464-481.

Snow.D, Zurcher, L.A, and Ekland-Olson, 1980, "Social networks and social movements: A microstructural approach to differential recruitment", *American Sociological Review* 45:787-801.

鈴木玲, 2004,「労働組合再活性化戦略の研究サーベイ — 制度と戦略の相互関係と3つの再活性化戦略の検討」『大原社会問題研究所雑誌』(562・563)

鈴木玲, 2005,「社会運動的労働運動とは何か — 先行研究に基づいた概念と形成条件の検討」『大原社会問題研究所雑誌』(562・563)

Suzuki, Akira, 2012a, "Introduction: Theoretical and Empirical Issues of Cross-national Comparisons of Social Movement Unionism" Akira Suzuki (ed.) *Cross-National Comparisons of Social Movement Unionism: Diversities of Labor Movement Revitalization in Japan, Korea and the United States,* Peter Lang.

_____ , 2012b, "The Limits and Possibilities of Social Movement Unionism in Japan in the Context of Industrial Relations Institutions" Akira Suzuki (ed.) *Cross-National Comparisons of Social Movement Unionism: Diversities of Labor Movement Revitalization in Japan, Korea and the United States,* Peter Lang.

高須裕彦ほか, 2005,『社会運動ユニオニズム — アメリカの新しい労働運動』緑風出版 .

Turner, L., 2003, "Reviving the Labor Movement: A Comparative Perspective" Cornell University ILR School.

Turner, L., and Katz, H.C., Hurd, 2001, "Building Social Movement Unionism: The Transformation of the American Labor Movement" *Rekindling the Movement: Labor's Quest for Relevance in the 21th century* Cornell University Press.

Urano, Edson and Paul, Stewart, 2007, "Including the Excluded Workers? The Challenges of Japan's Kanagawa City Union", *The Journal of Labor and Society,* 10:103-123.

Voss, Kim and Rachel, Sherman, 2000, "the Iron Law of Oligarchy: Union Revitalization in the American Labor Movement" *American Journal of Sociology* (106:2):303-349.

ウォン, 2005,「アメリカの移民労働者の組織化の現状と問題点」高須裕彦ほか『社会運動ユニオニズム — アメリカの新しい労働運動』緑風出版 .

Yamada, Nobuyuki, 2008, "What Is Social Movement Unionism?: Its Uniqueness and Implications." *Journal of the Faculty of Letters* (Komazawa University), 66:1-18.

_____ , 2012, "The Diversity of Social Movement Unionism: Towards a Cross-National, Comparative Framework" Akira Suzuki (ed.) *Cross-National Comparisons of Social Movement Unionism: Diversities of Labor Movement Revitalization in Japan, Korea and the United States,* Peter Lang.

山田信行, 2014,『社会運動ユニオニズム — グローバル化と労働運動の再生』ミネ

ルヴァ書房.

山本薫子, 2004,「外国人労働「問題」と日本人」駒井洋編『講座 グローバル化する日本と移民問題・5巻：移民をめぐる自治体の政策と社会運動』明石書店.

ウェザーズ,C, 2012,「ゼネラルユニオンと大阪の外国人非正規労働者」遠藤公嗣,『個人加盟ユニオンと労働NPO:排除された労働者の権利擁護』ミネルヴァ書房,83-106.

〔参考資料〕

ゼネラルユニオン, 2002,『ゼネラルユニオンの10年』アットワークス.

2003年3月創刊号, ユニオンみえのユニオン・サポート団体の会報

2010年4月 Annual Meeting 組合内総会資料

2010年10月 Annual Meeting 組合内総会資料

2011年4月 Annual Meeting 組合内総会資料

2011年10月 Annual Meeting 組合内総会資料

2012年4月 Annual Meeting 組合内総会資料

2012年10月 Annual Meeting 組合内総会資料

2013年4月 Annual Meeting 組合内総会資料

2013年10月 Annual Meeting 組合内総会資料

索　引

【あ行】

新しい社会運動　14, 42, 113
新しい労働運動　12, 14, 19, 34
移住労働者のけんり春闘　54
イングルハート, R　42, 107,
運動資源　20, 25, 30, 31, 35〜38, 43, 44,
　54, 87, 102, 125, 128, 137, 140, 143, 144,
　　147, 149, 153〜156, 158〜161
運動障壁　32〜35, 44, 87, 128, 139, 147,
　　148, 150, 153, 154, 156, 160,
運動組織　5, 13, 24, 29, 31, 34, 37〜40,
　42, 45, 53, 97, 102, 115, 138, 139, 141,
　144, 145, 147, 154, 155, 159, 160, 162
エスニシティ　4, 6〜9, 20, 23, 24, 30, 31,
　　33, 37, 57, 88, 143, 147, 153, 159
エスニック・コミュニティ　35〜37, 46,
　　125, 150, 153, 158
江戸川ユニオン　20
エルおおさか　66
大阪全労協　58, 141
おおさかユニオンネットワーク　138, 139
オルタナティヴな労働組合　12, 13, 20,
　24, 26, 29, 30, 87, 106, 126, 147

【か行】

外国語指導助手　51, 62, 78, 132
外国人語学講師　48, 69, 93, 127〜130

外国人雇用　3〜6, 9
外国人労働者　3〜8, 11, 12, 23, 30, 31,
　33, 35, 36, 43, 44, 46〜48, 53, 54, 57, 58,
　　60, 79, 125, 135, 155〜159
神奈川シティユニオン　44〜46, 63
組合活動　48, 66, 69, 90, 105〜110, 120
　　〜122, 150, 154
クランダーマンズ, B　42, 110
経営破たん　49, 77, 128, 132, 133, 136,
　　137
語学産業　48, 54, 63, 69, 78, 128, 132,
　　140
国際連帯　15, 19, 24, 58, 139
個人加盟ユニオン　5, 9, 11, 13, 19, 20,
　22, 23, 25, 27, 32, 34, 38, 39, 42, 46, 48,
　54, 63, 103, 105, 106, 126, 130, 141, 150,
　　152
コミットメント　48, 80, 110
コミュニティ・ユニオン　19, 20, 22, 46,
　　158

【さ行】

サービス・モデル　16, 17, 43, 126
在留資格　4, 49, 76, 77
ザルド, M　39
参政権　35, 36, 153, 158
資源動員論　33, 42, 107, 145
市民社会　35, 36, 43, 44, 54, 87, 125〜

129, 131, 137, 138, 142〜144, 149, 151
〜154, 160
社会運動　16, 24, 38〜40, 54, 59, 107,
143, 144, 162
———組織　13, 40
———的労働運動　5, 15, 18, 19
———ユニオニズム　5, 9, 18, 19, 25
———論　20, 37, 38, 42, 53
社会的ネットワーク　8, 35〜37, 39, 88,
89, 93〜95, 99, 102, 105, 107, 117, 119,
120, 126, 153, 159
社会保険　49, 78, 79, 91〜94, 96, 100,
103, 127〜132, 158
ジャニターに正義を　14, 131
集合行為　7, 13, 38, 39, 141, 147, 161,
162
集合財　38, 41, 54, 105, 115, 116, 120〜
123, 151
集合的アイデンティティ　42, 43, 107,
113
首都圏青年ユニオン　23
女性ユニオン東京　23
スウィニー , J　14
鈴木玲　12, 18, 19
ストライキ　60, 61, 83, 108, 131
スノー , D　40, 126, 144
政治参加　30, 33, 36
全国一般労働組合東京なんぶ　45, 59,
103, 129, 132, 135, 138
全統一労働組合　44, 45, 157
争議　39, 46, 49, 58, 60, 68〜70, 78, 91,
131, 132, 138
組織化　5, 6, 9, 12〜18, 22, 23, 25, 29〜
31, 38〜48, 50, 59, 62, 63, 83, 87, 88, 91,
93, 99, 102, 105, 122, 129, 140, 148, 154,
157, 159, 160

———モデル　15〜18, 43
組織構造　57, 64, 67

【た行】

多国籍ユニオニズム　8, 9, 35, 45, 46, 54,
147, 154, 155, 161
多国籍ユニオンネットワーク　63, 138, 141
脱物質主義　42, 76, 107, 114
団体交渉　31, 53, 59, 79, 85, 108
地域ユニオン　22, 25, 139, 158
チェック・オフ制度　68
動員構造論　32, 33, 37, 39, 40, 145
東京管理職ユニオン　21, 23

【な行】

ナショナルセンター　51, 58, 161
日本労働社会学会　6, 9

【は行】

パートナーシップ・モデル　17, 18
樋口直人　8
ビジネス・ユニオニズム　16, 17, 24, 27
非正規雇用　6, 9, 11, 21, 46, 49, 155, 157
ピノイユニティ　47
福岡ゼネラルユニオン　45, 103, 129,
145
不当労働行為　131
フリーダムサマー運動　42
フレーミング　33, 38, 63, 145
フレーム　38, 125〜129, 137〜145
ホスト社会　33〜36, 43, 54, 81, 125〜
127, 135, 137〜144, 148, 149, 151〜155,
158, 160, 161
ボランティア　60, 66, 81, 109, 110, 115,
121, 141, 151

【ま行】

マーチ・イン・マーチ　54, 141
マイノリティ　3, 7, 14, 33, 35, 36, 128, 139,
　　　　　　149, 151, 157
マスメディア　35, 36, 49, 60, 107, 111, 122,
　　127, 131～133, 136, 137, 144, 151～154
マッカーシー , J　39
マッカダム , D　42
未組織労働者　16～18, 22, 31, 32, 39, 41,
　43, 44, 87, 88, 102, 149, 150, 154, 159, 160
ミルクマン , R　15
民間語学学校　48, 54, 55, 66, 84
メンバーシップ　39, 50, 52, 60, 66, 70, 88,
　93, 100, 102, 105, 106, 112, 113, 126, 128,
　　　　　　　150

【や行】

山田信行　12, 19, 87
ユニオンみえ　44～48, 50, 54, 156, 157,
　　　　　　159, 160, 163

【ら・わ行】

ランク・アンド・ファイル　13, 16, 38,
　　　　　　41, 53, 99, 150, 154
レッスン・フォー・フード　136
労使関係　6, 13, 15, 23, 24, 31, 37, 68, 92,
　　　　　　127, 140, 149
労働NPO　5, 20
労働基準法　91
労働組合再活性化理論　15～17, 26, 149
労働市場　3～7, 9, 11, 24
労働社会学　3, 6, 8, 9, 12
労働社会論　31, 32
労働相談　22, 46, 59, 77, 105, 108～110,
　　　　　　123, 130, 132
労働のグローバル化　3～5, 7, 9, 11, 30,
　　　　　　147
労働問題　5, 23, 39, 50, 59, 60, 63, 77, 78,
　82, 92, 97, 102, 110, 128, 132, 140, 147,
　　　　　　159, 160

著者紹介

中根　多惠（なかね・たえ）

1986年、愛知県生まれ。

愛知県立芸術大学音楽学部（教養教育等）准教授。博士（社会学）。

専攻は労働社会学、社会運動論。南山大学外国語学部英米学科卒。2011年、名古屋大学大学院環境学研究科博士課程単位等認定（満了）。日本学術振興会特別研究員（DC1）、名古屋大学文学部および同大学大学院環境学研究科助教を経て、2017年より現職。

共著に『豊田とトヨタ』（東信堂、2014年）、主な論文に「多国籍ユニオニズムにおけるホスト社会からの支持動員 —— 動員のためのフレーム調整に着目して」（『日本労働社会学会年報』第25号、2014年）、「何が個人加盟ユニオンの組織存続を可能にするのか —— GUのA支部における動員戦略に着目して」（『労働社会学研究』第14号、2013年）、「個人加盟ユニオンにおける組合員のキャンペーン参加とその規定要因」（『東海社会学会年報』第5号、2013年）などがある。

多国籍ユニオニズムの動員構造と戦略分析

2018年2月20日　　初　版第1刷発行

〔検印省略〕
定価はカバーに表示してあります。

著者©中根多惠　／　発行者　下田勝司

印刷・製本／中央精版印刷

東京都文京区向丘 1-20-6　　郵便振替 00110-6-37828
〒 113-0023　TEL（03）3818-5521　FAX（03）3818-5514

発 行 所
株式会社 東信堂

Published by TOSHINDO PUBLISHING CO., LTD.
1-20-6, Mukougaoka, Bunkyo-ku, Tokyo, 113-0023, Japan
E-mail : tk203444@fsinet.or.jp　http://www.toshindo-pub.com

ISBN978-4-7989-1485-5 C3036　　© NAKANE Tae

東信堂

- 未来社会学・序説 —勤労と統治を超える　森元孝　二〇〇〇円
- 理論社会学 —社会構築のための媒体と論理　森元孝　二四〇〇円
- 貨幣の社会学 —経済社会学への招待　森元孝　一八〇〇円
- ハーバーマスの社会理論体系　永井彰　二八〇〇円
- ハンナ・アレント —共通世界と他者　中島道男　二四〇〇円
- 観察の政治思想 —アーレントと判断力　小山花子　二五〇〇円
- スチュアート・ホール —イギリス新自由主義への文化論的批判　牛渡亮　二六〇〇円

- 日本コミュニティ政策の検証 —自治体内分権と地域自治へ向けて[コミュニティ政策叢書1]　山崎仁朗編著　四六〇〇円
- 多国籍ユニオニズムの動員構造と戦略分析　中根多惠　四六〇〇円
- 社会階層と集団形成の変容 —集合行為と「物象化」のメカニズム　丹辺宣彦　六五〇〇円
- 豊田とトヨタ —産業グローバル化先進地域の現在　丹辺宣彦・岡村徹也・山口博史編著　三二〇〇円
- 園田保健社会学の形成と展開　山手茂・須田木綿子・園田恭一編著　三六〇〇円
- 地域社会研究と社会学者群像 —社会学としての闘争論の伝統　橋本和孝　五九〇〇円
- 吉野川住民投票 —市民参加のレシピ　武田真一郎　一八〇〇円
- 現代の自殺 —追いつめられた死::社会病理学的研究　石濱照子　二八〇〇円
- 保健・医療・福祉の研究・教育・実践　米林喜男・園田恭一・山手茂編　三四〇〇円
- 社会的健康論　園田恭一　二五〇〇円
- 研究道 学的探求の道案内　橋本和孝　二八〇〇円
- 福祉政策の理論と実際 (改訂版) 福祉社会学入門　平岡公一・武川正吾・山田昌弘・黒川浩一郎監修　三重野卓編　二五〇〇円
- 認知症家族介護を生きる —新しい認知症ケア時代の臨床社会学　井口高志　四二〇〇円
- 社会福祉における介護時間の研究 —タイムスタディ調査の応用　渡邊裕子　五四〇〇円
- 介護予防支援と福祉コミュニティ　松村直道　二五〇〇円
- 対人サービスの民営化 —行政・営利・非営利の境界線　須田木綿子　二三〇〇円

〒113-0023　東京都文京区向丘1-20-6　TEL 03-3818-5521　FAX03-3818-5514　振替 00110-6-37828
Email tk203444@fsinet.or.jp　URL:http://www.toshindo-pub.com/

※定価:表示価格（本体）＋税

東信堂

開発援助の介入論
—インドの河川浄化政策に見る国境と文化を越える困難　　西谷内博美　四六〇〇円

資源問題の正義
—コンゴの紛争資源問題と消費者の責任　　華井和代　三九〇〇円

海外日本人社会とメディア・ネットワーク
—バリ日本人社会を事例として　　吉原直樹・今野裕昭・松本行真 編著　四六〇〇円

移動の時代を生きる―人・権力・コミュニティ　　吉原直樹 監修／大西仁・西原和久 編著　三二〇〇円

国際社会学の射程
—日韓の事例と多文化主義再考　国際社会学ブックレット1　　西原和久・芝真里枝 編訳　一二〇〇円

国際移動と移民政策　国際社会学ブックレット2　　西原和久・有田伸・山本かほり 編著　一〇〇〇円

トランスナショナリズムと社会のイノベーション
—越境する国際社会学とコスモポリタン的志向　国際社会学ブックレット3　　西原和久　一三〇〇円

現代日本の地域分化
—センサス等の市町村別集計に見る地域変動のダイナミックス　　蓮見音彦　三八〇〇円

現代日本の地域格差
—二〇一〇年・全国の市町村の経済的・社会的ちらばり　　蓮見音彦　二三〇〇円

「むつ小川原開発・核燃料サイクル施設問題」研究資料集　　舩橋晴俊・茅野恒秀・金山行孝 編著　一八〇〇〇円

新版 新潟水俣病問題―加害と被害の社会学　　舩橋晴俊・飯島伸子 編　三八〇〇円

新潟水俣病をめぐる制度・表象・地域　　関礼子　五六〇〇円

新潟水俣病問題の受容と克服　　堀田恭子　四八〇〇円

公害・環境問題の放置構造と解決過程　　飯島伸子・渡辺伸一・藤川賢 著　三八〇〇円

公害被害放置の社会学
―イタイイタイ病・カドミウム問題の歴史と現在　　藤川賢・渡辺伸一・堀畑まみ 著　三六〇〇円

食品公害と被害者救済
—カネミ油症事件の被害と政策過程　　宇田和子　四六〇〇円

自立支援の実践知―阪神・淡路大震災と共同・市民社会　　似田貝香門 編　三八〇〇円

[改訂版] ボランティア活動の論理―ボランタリズムとサブシステンス　　西山志保　三六〇〇円

自立と支援の社会学―阪神大震災とボランティア　　佐藤恵　三二〇〇円

社会調査における非標本誤差　　吉村治正　三二〇〇円

〒113-0023　東京都文京区向丘1-20-6　　TEL 03-3818-5521　FAX03-3818-5514　振替 00110-6-37828
Email tk203444@fsinet.or.jp　URL:http://www.toshindo-pub.com/

※定価：表示価格（本体）＋税

東信堂

〈シリーズ 社会学のアクチュアリティ：批判と創造 全12巻〉

クリティークとしての社会学——現代を批判的に見る眼	宇都宮京子編	一八〇〇円
都市社会とリスク——豊かな生活をもとめて	西原和久・池岡義孝編	一八〇〇円
言説分析の可能性——社会学的方法の迷宮から	斉藤日出治編	二〇〇〇円
グローバル化とアジア社会——ポストコロニアルの地平	吉原直樹編	二三〇〇円
公共政策の社会学——社会的現実との格闘	武川正吾編	二〇〇〇円
社会学のアリーナへ——21世紀社会を読み解く	厚東洋輔・友枝敏雄編	二二〇〇円
モダニティと空間の物語——社会学のフロンティア	三重野卓編	二〇〇〇円
戦後日本社会学のリアリティ——せめぎあうパラダイム	新睦人編	二六〇〇円

〔地域社会学講座 全3巻〕

地域社会学の視座と方法	似田貝香門監修	二六〇〇円
グローバリゼーション／ポスト・モダンと地域社会	古城利明監修	二五〇〇円
地域社会の政策とガバナンス	矢澤澄子監修	二七〇〇円

〈シリーズ世界の社会学・日本の社会学〉

タルコット・パーソンズ——最後の近代主義者	中野秀一郎	一八〇〇円
ゲオルグ・ジンメル——現代分化社会における個人と社会	居安正	一八〇〇円
ジョージ・H・ミード——社会的自我論の展開	船津衛	一八〇〇円
アラン・トゥーレーヌ——現代社会のゆくえと新しい社会運動	杉山光信	一八〇〇円
アルフレッド・シュッツ——社会的空間と主観的時間と主観的社会	森元孝	一八〇〇円
エミール・デュルケム——社会の道徳的再建と社会学	中島道男	一八〇〇円
レイモン・アロン——危機の時代の社会学	岩城完之	一八〇〇円
フェルディナンド・テンニエス——近代化の時代の透徹した警世家／ゲマインシャフトとゲゼルシャフト	吉田浩	一八〇〇円
カール・マンハイム——時代を診断する亡命者	澤井敦	一八〇〇円
ロバート・リンド——アメリカ文化の内省的批判者	園部雅久	一八〇〇円
アントニオ・グラムシ——『獄中ノート』と批判社会学の生成	鈴木富久	一八〇〇円
費孝通——民族自省の社会学	佐々木衛	一八〇〇円
奥井復太郎——都市社会学と生活論の創始者	藤田弘夫	一八〇〇円
新明正道——綜合社会学の探究	山本鎭雄	一八〇〇円
米田庄太郎——新総合社会学の先駆者	北島滋	一八〇〇円
高田保馬——理論と政策の無媒介的統一	川合隆男	一八〇〇円
戸田貞三——実証社会学の軌跡	蓮見音彦	一八〇〇円
福武直——民主化と社会学の・現実化を推進		一八〇〇円

〒113-0023　東京都文京区向丘1-20-6　TEL 03-3818-5521　FAX03-3818-5514　振替 00110-6-37828
Email tk203444@fsinet.or.jp　URL:http://www.toshindo-pub.com/

※定価：表示価格（本体）＋税

東信堂

放送大学中国・四国ブロック学習センター編

- 放送大学に学んで ―未来を拓く学びの軌跡― 放送大学中国・四国ブロック学習センター編 二〇〇〇円
- ソーシャルキャピタルと生涯学習 J・フィールド 矢野裕俊監訳 二五〇〇円
- NPOの公共性と生涯学習のガバナンス 高橋満 二八〇〇円
- コミュニティワークの教育的実践 高橋満 二八〇〇円
- 学級規模と指導方法の社会学 ☑実態と教育効果 山崎博敏 三二〇〇円
- 高等専修学校における適応と進路 ―後期中等教育のセーフティネット 伊藤秀樹 四六〇〇円
- 「夢追い」型進路形成の功罪 ―高校改革の社会学 荒川葉 二八〇〇円
- 進路形成に対する「在り方生き方指導」の功罪 ―高校進路指導の社会学 望月由起 三六〇〇円
- 教育から職業へのトランジション ―若者の就労と進路職業選択の社会学 山内乾史編著 二六〇〇円
- 学力格差拡大の社会学的研究 ―小中学生への追跡的学力調査結果が示すもの 中西啓喜 二四〇〇円
- 教育と不平等の社会理論 ―再生産論―をこえて 小内透 三二〇〇円
- マナーと作法の社会学 加野芳正編著 二四〇〇円
- マナーと作法の人間学 矢野智司編著 二〇〇〇円
- 〈シリーズ 日本の教育を問いなおす〉
- 拡大する社会格差に挑む教育 西村和雄・大森不二雄・木村拓也編 二四〇〇円
- 混迷する評価の時代 ―教育評価を根底から問う 倉元直樹・木村拓也編 二四〇〇円
- 教育における評価とモラル 西瀬和信雄編 二四〇〇円

《大転換期と教育社会構造：地域社会変革の学習社会論的考察》

- 第1巻 教育社会史 ―日本とイタリアと 小林甫 七八〇〇円
- 第2巻 現代的教養 I ―生活者生涯学習の地域的展開 小林甫 六八〇〇円
- 第2巻 現代的教養 II ―技術者生涯学習の生成と展望 小林甫 六八〇〇円
- 第3巻 学習力変革 ―地域自治と社会構築 小林甫 近刊
- 第4巻 社会共生力 ―東アジアと成人学習 小林甫 近刊

〒113-0023　東京都文京区向丘1-20-6　TEL 03-3818-5521　FAX03-3818-5514　振替 00110-6-37828
Email tk203444@fsinet.or.jp　URL:http://www.toshindo-pub.com/

※定価：表示価格（本体）＋税

東信堂

「居住福祉資源」の思想—生活空間原論序説 早川和男 二九〇〇円

検証 公団居住60年 —〈居住は権利〉公共住宅を守るたたかい 多和田栄治 二八〇〇円

〔居住福祉ブックレット〕

居住福祉資源発見の旅 …新しい福祉空間、懐かしい癒しの場 早川和男 七〇〇円

どこへ行く住宅政策 …進む市場化、なくなる居住のセーフティネット 本間義人 七〇〇円

漢字の語源にみる居住福祉の思想 李桓 七〇〇円

日本の居住政策と障害をもつ人 大本圭野 七〇〇円

障害者・高齢者と麦の郷のこころ …住民、そして地域とともに 伊藤静美 七〇〇円

地場工務店とともに …健康住宅普及への途 加藤直美 七〇〇円

子どもの道くさ 山本里見 七〇〇円

居住福祉法学の構想 水月昭道 七〇〇円

奈良町の暮らしと福祉 …市民主体のまちづくり 吉田邦彦 七〇〇円

精神科医がめざす近隣力再建 黒田睦子 七〇〇円

進む「子育て」砂漠化、はびこる「付き合い拒否」症候群 中澤正夫 七〇〇円

住むことは生きること …鳥取県西部地震と住宅再建支援 片山善博 七〇〇円

最下流ホームレス村から日本を見れば ありむら潜 七〇〇円

世界の借家人運動 …あなたは住まいのセーフティネットを信じられますか？ 髙島一夫 七〇〇円

「居住福祉学」の理論的構築 張柳中萍 七〇〇円

居住福祉資源発見の旅II …地域の福祉力・教育力・防災力 早川和男 七〇〇円

居住福祉の世界 …早川和男対談集 金持伸子 七〇〇円

医療・福祉の沢内と地域演劇の湯田 …岩手県西和賀町のまちづくり 早川和男 七〇〇円

「居住福祉資源」の経済学 神野武美 七〇〇円

長生きマンション・長生き団地 千代崎武佳 七〇〇円

高齢社会の住まいづくり・まちづくり 蔵田力 七〇〇円

シックハウス病への挑戦 …その予防・治療・撲滅のために 山下千佳 八〇〇円

韓国・居住貧困とのたたかい …居住福祉の実践を歩く 迎田允奎 七〇〇円

精神障碍者の居住福祉 …宇和島における実践（二〇〇六〜二〇一一） 後藤澄江／財団法人光会編 七〇〇円

〒113-0023 東京都文京区向丘1-20-6 TEL 03-3818-5521 FAX03-3818-5514 振替 00110-6-37828
Email tk203444@fsinet.or.jp URL:http://www.toshindo-pub.com/

※定価：表示価格（本体）＋税

東信堂

責任という原理——科学技術文明のための倫理学の試み（新装版）
H.ヨナス著／加藤尚武監訳　四八〇〇円

主観性の復権——心身問題から『責任という原理』へ
H.ヨナス／宇佐美・滝口訳　二〇〇〇円

ハンス・ヨナス「回想記」
H.ヨナス／盛永・木下・馬渕・山本訳　四八〇〇円

生命の神聖性説批判
H.クーゼ著／飯田・石川・小野谷・片桐・水野訳　四六〇〇円

生命科学とバイオセキュリティ——デュアルユース・ジレンマとその対応
四ノ宮成祥／河原直人編著　二四〇〇円

医学の歴史
今井道夫監訳／石渡隆司　四六〇〇円

安楽死法：ベネルクス3国の比較と資料
盛永審一郎監修　二七〇〇円

死の質——エンド・オブ・ライフケア世界ランキング
丸祐一・小野谷加奈恵・飯田亘之訳　一二〇〇円

バイオエシックスの展望
坂井昭宏・松坂昭宏編著　三三〇〇円

生命の問い——生命倫理学と死生学の間で
松井・大林雅之編著　三二〇〇円

生命の淵——バイオシックスの歴史・哲学・課題
大林雅之　三二〇〇円

今問い直す脳死と臓器移植【第2版】
澤田愛子　二八〇〇円

キリスト教から見た生命と死の医療倫理
浜口吉隆　二三八一円

動物実験の生命倫理——個体倫理から分子倫理へ
大上泰弘　四〇〇〇円

医療・看護倫理の要点
水野俊誠　二〇〇〇円

テクノシステム時代の人間の責任と良心
H.レンク／山本・盛永訳　三五〇〇円

原子力と倫理——原子力時代の自己理解
Th.リット／小笠原道雄編　一八〇〇円

科学の公的責任——科学者と私たちに問われていること
Th.リット／小笠原・野平編訳　一八〇〇円

歴史と責任——科学者は歴史にどう責任をとるか
Th.リット／小笠原・野平編訳　一八〇〇円

（ジョルダーノ・ブルーノ著作集）より

カンデライオ
加藤守通訳　三六〇〇円

原因・原理・一者について
加藤守通訳　三二〇〇円

傲れる野獣の追放
加藤守通訳　三三〇〇円

英雄的狂気
加藤守通訳　四八〇〇円

ロバのカバラ——ジョルダーノ・ブルーノにおける文学と哲学
N.オルディネ／加藤守通監訳　三六〇〇円

〒113-0023　東京都文京区向丘1-20-6　TEL 03-3818-5521　FAX03-3818-5514　振替 00110-6-37828
Email tk203444@fsinet.or.jp　URL:http://www.toshindo-pub.com/

※定価：表示価格（本体）＋税

東信堂

オックスフォード キリスト教美術・建築事典 ── P&L・マレー著 中森義宗監訳 ── 三〇〇〇〇円

イタリア・ルネサンス事典 ── J・R・ヘイル編 中森義宗監訳 ── 七八〇〇円

美術史の辞典 ── P・デューロ他 中森義宗・清水忠訳他 ── 三六〇〇円

涙と眼の文化史──中世ヨーロッパの ── 徳井淑子訳 ── 三六〇〇円

青を着る人びと──標章と恋愛思想 ── 伊藤亜紀 ── 三五〇〇円

社会表象としての服飾──近代フランスにおける異性装の研究 ── 新實五穂 ── 三六〇〇円

書に想い 時代を讀む ── 河田悌一 ── 一八〇〇円

日本人画工 牧野義雄──平治ロンドン日記 ── ますこ ひろしげ ── 五四〇〇円

美を究め美に遊ぶ──芸術と社会のあわい ── 荻野厚志編著 ── 二八〇〇円

バロックの魅力 ── 田中佳編著 ── 二八〇〇円

新版 ジャクソン・ポロック ── 小穴晶子編 ── 二六〇〇円

西洋児童美術教育の思想 ── 藤枝晃雄 ── 二六〇〇円

ロジャー・フライの批評理論──知性と感受 ── 要真理子 ── 三六〇〇円

ドローイングは豊かな感性と創造性を育むか？ ── 前田茂監訳 ── 四二〇〇円

レオノール・フィニ──新しい種、境界を侵犯する性の間で ── 尾形希和子 ── 二八〇〇円

【世界美術双書】

バルビゾン派 ── 井出洋一郎 ── 二〇〇〇円

キリスト教シンボル図典 ── 中森義宗 ── 二三〇〇円

パルテノンとギリシア陶器 ── 関隆志 ── 二三〇〇円

中国の版画──唐代から清代まで ── 小林宏光 ── 二三〇〇円

象徴主義──モダニズムへの警鐘 ── 中村隆夫 ── 二三〇〇円

中国の仏教美術──後漢代から元代まで ── 久野美樹 ── 二三〇〇円

セザンヌとその時代 ── 浅野春男 ── 二三〇〇円

日本の南画 ── 武田光一 ── 二三〇〇円

画家とふるさと ── 小林忠 ── 二三〇〇円

ドイツの国民記念碑 ── 大原まゆみ ── 二三〇〇円

日本・アジア美術探索──一八二二〜一九一三年 ── 永井信一 ── 二三〇〇円

インド、チョーラ朝の美術 ── 袋井由布子 ── 二三〇〇円

古代ギリシアのブロンズ彫刻 ── 羽田康一 ── 二三〇〇円

〒113-0023　東京都文京区向丘1-20-6　TEL 03-3818-5521　FAX03-3818-5514　振替 00110-6-37828
Email tk203444@fsinet.or.jp　URL:http://www.toshindo-pub.com/

※定価：表示価格（本体）＋税